2014 · 제13회

정훈문학상 수상작품집

소정 정훈 선생의 생전 모습

오늘의문학사

국립중앙도서관 출판시도서목록(CIP)

정훈문학상 : 수상작품집. 제13회(2014) / 저자: 김영수, 장
덕천 외. -- 대전 : 오늘의문학사, 2014
p. ; cm

"素汀 丁薰 선생 연보" 수록
ISBN 978-89-5669-658-4 03810 : ₩15000

한국 현대시[韓國現代詩]
수상 작품집[受賞作品集]

811.7-KDC5
895.715-DDC21 CIP2014037089

2014 · 제13회

정훈문학상 수상작품집

지역문학 발전을 위한 활력소

소정 정훈 선생의 순정한 문학혼을 기리기 위해 제정한 '정훈문학상 13회 수상자를 선정하였다. 대상으로 선정된 김영수 시조시인과 작품상으로 선정된 장덕천 시인에게 축하를 드린다. 창작의 고통을 감내하고 훌륭한 문학 작품을 빚은 두 분에게 작은 보람이 되기를 바란다.

김영수 시조시인은 아동문학과 시조 창작을 겸한 분이다. 그리하여 대전 · 충남아동문학회장으로 봉사하였고, 대전시조시인협회장을 연임하며 봉사한 분이다. 선생의 시조는 두 분야의 융합적 효과를 작품에 발현하였다는 평이다. 현대시조의 난해성으로 인해 독자를 잃어가고 있는 이때, 이를 극복하여 누구나 쉽게 감상할 수 있다는 평을 받았다. 특히 2013년에 발간한 시조집 [소쩍새 한 마리]는 시조의 형식적 단순성을 극복하여 다양성을 시도하고 있어, 이를 높이 평가하였다.

장덕천 시인은 성공한 사업가였다. 예기치 않는 교통사고로 신체가 불편한 분이다. 그럼에도 긍정적 시선으로 세상을 따뜻하게 바라보며, 이웃을 위해 정을 나누는 분이다. 50대의 늦깎이로 문학에 입문하였지만, 우수한 작품을 창작하여 여러 지면의 우수 시인으로 선정되기도 하였다. 2014년에 발간한 시집 [싸꾸려와 친구하다]는 세상을 관조적 시심으로 읽어내어 특별한 감동을 주고 있다고 평가하였다.

두 분을 선정하면서, 일제 강점기에도 시를 발표하여 희망의 등불을 달았던 소정 정훈 선생의 문학정신을 다시금 돌아보게 되었다. 더불어 광복 후의 혼란스러운 문화예술 환경에서도 지역문학을 이끄신 선생의 탁월한 지도력이 새삼 그립다. 특히 선생의 문학혼을 현창하는 이 상의 의미를 되새기며, 더욱 훌륭한 상으로 자리 잡도록 운영하겠다는 다짐도 하였다.

2002년 '정훈문학상'의 출발은 시조시인들에 의해 발기되었다. 유동삼 시조시인, 이용호 시조시인, 김재수 시조시인, 당시 대전문인협회 회장이던 리헌석 문학평론가의 노력이 맺은 결실이다. 이들의 뜻을 접한 [대전매일]의 이광희 국장, 김현자 사업본부장의 적극적 협조, '문학사랑 · 오늘의문학사'와 정훈 선생 차남 정병선의 참여로 이 상이 탄생되었다.

시 창작과 시조 창작을 겸하셨던 소정 정훈 선생의 문학 정신에 맞추어 '정훈문학상 운영위원회의 운영규정'에 시인과 시조시인을 고르게 시상하도록 명시하였다. 예외 규정으로 정훈 선생의 작품을 중심으로 받은 석 · 박사 학위자 및 단일 저서를 발간한 사람도 시상할 수 있게 하였다. 작품성과 지역 문단의 기여도 등을 참고하여 유연하게 운영할 것도 명시하였다.

제13회부터는 작품집을 발간하기로 하였다. 수상하신 두 분의 작품과 작품세계, 1~12회 수상하신 분들의 작품, 정훈 선생 1시집의 서지적 고찰, 정훈 선생의 연보를 보완하여 수록하였다.

이를 밝히며, 수상자 두 분에게 재삼 축하드린다.

정훈
문학상

2014 | 제13회 | 정훈문학상

정훈
문학상

2014 | 제13회 | 정훈문학상

정훈
문학상

2014 | 제13회 | 정훈문학상

정훈
문학상

2014 | 제13회 | 정훈문학상

2014년 제13회

대　상 김영수 시조시인

작품상 장덕천 시인

제13회 정훈문학상 대상 김 영 수 시조시인

충남 논산 출생/ 월간 《아동문예》 신인문학상 당선(1984년)/ 월간 《한국시》 작품상(1984년)/ 충남아동문학회 회장, 대전시조시인협회장, 계룡문인협회 지부장, 문학사랑협의회, 한국문인협회, 국제펜클럽 한국본부, 한국아동문학회, 한국시조시인협회, 대전가톨릭문학회 회원/ 현. 한국문인협회 제도개선위원 등 활동/ 한국아동문학 작가상(2000), 대전문학상(2002), 대전문화상(문학,2009), 김영일아동문학상(2011), 하이트진로문학상 대상(2012)/ 위인전 및 전설 『간디』 외/ 동시집 『해님의 전화』『아기새와 꽃바람』『봄을 비는 아이』/ 시조집 『그리움이 꽃피는 뜨락』『소쩍새 한 마리』/ 문집 『사랑이 넘치는 뜨락』

〈수상소감〉

기쁘고 감사하고 죄송할 따름

아동문학으로 창작활동을 시작하였다. 유동삼 시조시인님을 만나 가람문학에 몸 담아 대흥동 한의원 정훈 선생님을 뵙고, 유동삼 선생님 댁을 들러 선화동 목척교를 건너며 대전의 시정을 느낄 수 있었다. 홍명 상가 앞의 포장마차집, 그리고 대전천 은빛물에 달빛이 내린 길을 걸으며 시조 이야기를 꽃피던 그 날들이 그립다.

마침 대전에서 전국한밭시조백일장이 개최되면서 사회자로, 사진사로, 그리고 대전시조시인협회장을 맡아 봉사한 공로를 인정하였는지, 상을 주셔서 고맙다. 정년퇴임 후에도 문예대학에서 함께 공부할 수 있어 고마운 세월을 보내고 있다. 앞으로 정훈 선생님의 문학혼을 기리며 한국 겨레시 발전에 더욱 기여하라는 채찍으로 생각하고 있다.

문단의 여건이 날로 어려워지는 즈음, 이 상을 운영하시는 운영위원, 심사위원님께 감사드린다. 대전의 문화발전을 위해 공헌하는 [금강일보] 이광희 사장님을 비롯하여 임직원 여러분께도 감사드린다. 이제 늦가을을 지나고 있다. 단풍잎 고운 얼굴로 수상의 기쁨을 가족과도 나누고자 한다.

봄의 강(江)

맑은 물 고운 꽃빛 섬진강 언덕길에
샛노란 산수유 꽃 천사의 모자 같다.
강바람
물소리 따라
조심조심 걷는다.

맑은 듯 고운 물이 자갈돌을 닦는다.
깨끗한 거울처럼 봄꽃을 가득 담아
나비들
날개바람에
꽃구름도 띄우고.

강물은 우리 보고 쉼 없이 배우란다.
막히면 돌아가고 때로는 쉬어가며
물굽이
흐르는 양을
갈무리해 가란다.

가을 꽃등

산마다 꽃등 가득 환하게 달아놓고
새들은 노래하고 나무는 춤을 춘다.
구름은
솜옷을 입고
꽃등 위를 맴돈다.

둥근달 별과 함께 동녘에 떠오르면
기러기 ㄱ, ㄴ, 하늘에 글을 쓰고
닿소리
홀소리 글자
마음대로 그린다.

시골길 토방에서 귀뚜라미 노래자랑
감나무 꼭대기에 까치밥 달아놓고
어머니
가을걷이는
밤새도록 가없다.

족두리꽃

성거산
기슭마다 야생화 가득 피고
순교자 잠든 넋이 꽃으로 찾아왔다.
수줍어
족두리 쓰고
잎새 밑에 숨었다.

초콜릿
진한 빛깔 손 모아 기도하고
족두리 예절 갖춰 맵시 또한 예쁘다.
순교자
간절한 기도는
가슴마다 꽃이다.

옛 아낙
원삼 옷에 머리에 쓴 족두리
어여쁜 그 모습이 되살아 꽃이 되어
두 손을
한데 모아서
꽃잎 뒤에 숨은 꽃.

구절초

햇살 먹고 이슬 먹고
바람에 손짓하다

새들도
불러오고
벌 나비
모아놓고

향 가득
정을 담은 말
웃음 환히 주는 꽃

소쩍새 한 마리

길 잃은
한 마리의 소쩍새가 날아왔다
도시의 한복판인 아파트 나뭇가지
꽃들도
자동차들도 가만가만 보았다.

나무도 흔들흔들
창문도 덜컹덜컹
전깃줄에 앉아서 그네 타고 놀다가
빌딩숲
골목 길 찾아 요리조리 날았다.

한낮에
아이들이 눈맞춤을 하려고
더, 더, 더 숨죽이며 다가와서 살펴보다
큰 눈이
노랗고 커서 무섭다고 내뺀다.

38도선 담쟁이

강원도 인제 찾아 넘고 넘어 가는 길
찾아간 언덕 위에 붉게 새긴 38도선
담쟁이
새빨간 손이
쥐고 있는 가을날.

숨 고르며 바위절벽 오르다가 물든 손
전쟁에 흘린 피를 잎에 가득 담았는가
가신 님
넋이 되어서
물들이는 저 핏빛.

바위에 새긴 글씨 38도선 붉은 글자
새들도 쉬다 가는 하늘 열린 저 길을
오늘도
넘지 못하는
철조망을 한(恨)한다.

물빛 사랑

돌 틈에 은빛 줄로
실 가닥을 엮어가다
어머님 여린 손길
베틀 가득 걸어놓고
오가는 북 바디 소리
여울 같은 물소리.

한 발 끌면 물이 되고
두 발 끌면 여울 되고
오가는 손길 발길
허리 가득 담긴 여울
새벽길 안개꽃처럼
길을 가득 만든다.

한올한올 엮은 정성
물빛 사랑 무명 한 필
옷으로 입어보고
이불로 덮어 봐도
어머님 깊고 깊은 뜻
사랑마음 느낀다.

남간정사 2

박팽년 비각 지나 숲길을 찾아오니
해묵은 기왓골엔 이끼가 푸르르고
선비님
발자국소리
귀에 쟁쟁 울린다.

유물관 새로 지어 님의 뜻을 기리고
큰 정자 높게 지어 선비정신 받들자.
돌다리
디뎌보면서
옛 자취를 살핀다.

돌마다 디딤자국 정사뜰에 환하고
잔디밭 너른 마당 산새들도 머문다.
연꽃은
해를 담아서
선비 뜻을 펼친다.

고란사

똑똑똑
가슴 치듯 맑은 물이 떨어지고
고란초 파릇한 잎 온몸 스쳐 적시면
백제 꿈
찬란한 문화
샘물 가득 채운다.

탁탁탁
목탁소리 산을 가득 울리면
동녘의 붉은 햇살 정림사지 환히 비춰
스님들
독경소리는
백제 넋을 달랜다.

통통통
유람선은 강을 따라 오고가며
낙화암 삼천궁녀 굳은 절개 피어나면
계백의
구국함성이
부소산을 울린다.

섬초롱꽃

산자락 푸른 언덕 무명치마 내 누님은
살포시 고개 숙여 수줍은 듯 꽃이 되어
초롱불 환한 얼굴로 손짓하며 반긴다.

한시름 올올마다 베 길쌈에 실을 엮듯
올마다 쓰다듬어 손길 따라 다듬을 때
누님의 치마폭마다 송이송이 피는 꽃.

바람이 손짓해도 방긋방긋 웃어주고
산새가 바라봐도 다소곳이 고개 숙여
길손들 가는 길마다 등불 되어 밝힌다.

| 작품해설 |

눈부신 서정과 올곧은 의지

– 김영수 시인의 시조세계

문학평론가 리 헌 석
(사) 문학사랑협의회 이사장

1. 연당 선생의 문학적 여로

연당 김영수 시인은 1940년에 충청남도 논산시 연산면에서 출생하였다. 그의 관향(貫鄕)은 광산(光山)으로 사계 김장생 선생의 후손이다. 반가(班家)의 전통을 따라, 학문을 숭상하는 가풍(家風) 속에서 자란 그는 대전사범학교를 졸업한 후 평생 교육자로 봉직하였다. 초등학교 교사, 교감, 장학사, 교장 등을 역임하며 교육발전을 위해 열정을 바쳤다.

천성이 너그럽고 타인을 돕는 일에 솔선하여 주위로부터 존경과 찬사를 받는 교육자로서, 선생은 어린이의 정서 함양을 위해 많은 활동을 펼쳤다. 지역 방송국의 초청으로 어린이프로에서 음악분야 심사위원으로 봉사하였다. 연극 발전을 위해 어린이지도에 힘쓴 결과, 전문 연극인으로 인정받아 충남연극협회에 참여하였다. 어린이들의 글짓기 지도에 뛰어난 실적을 올리면서 자신도 창작의 길에 나섰다.

선생은 700여 년 면면하게 이어온 겨레시(시조) 창작에 남다른 열정을 보였다. 현대 자유시에 밀려 고사 직전의 시조를 지켜야 한다는 다부진 의욕으로 창작에 매진하였다. 시조 창작에 첫 선을 보인 것은 1970년대였다. 소정 정훈 선생이 출범시킨 시조 동인지 '차령'의 창립회원으로 작품을 발표하였다. 이어 '가람문학'의 창립회원으로, 대전시조시인협회 창립회원으로 참여하여 지칠 줄 모르는 창작열을 쏟았다. 특히 대전시조시인협회 회장을 2회 역임하면서 지역 시조 발전에 공헌한 바 크다.

또한 초등학교 교육자로서, 어린이들의 창작 의욕을 북돋우었고, 이와 함께 아동문학 작품을 창작하여 발표하였다. 충남아동문학회 창립회원으로 참여하여 쉬지 않고 작품을 발표하였다. 여러 임원을 거친 후, 회장으로 봉사하여 지역 아동문학 발전에 이바지하였다. 이를 바탕으로 전국적인 아동문학 단체의 여러 임원을 맡아 봉사하고 있다.

연당 선생은 시조와 아동문학 창작을 통하여 문학 발전에 기여하는 저서를 다수 발간하였다. 아동문학 저서로는 『간디』 김유신과 계백』 『견우와 직녀』 『황제의 무사』 『알렉산더』 『거북선과 이순신』 『걸리버 여행기』 『안창호』를 비롯하여 창작 동시집 『해님의 전화』 『아기새와 꽃바람』을 발간하였다. 문집 『사랑이 넘치는 뜨락』, 시조집 『그리움이 꽃피는 뜨락』 등도 발간하였다.

이러한 결과로 한국아동문학 작가상(2000), 대전문학상(2002), 대전광역시문화상(문학부문 2009), 김영일아동문학상(2011), 하이트진로문학상(2012) 등을 수상하면서 문학적 업적을 인정받았다. 그는 최근에도 한국문인협회 제도개선위원, 한국문학창작연구원 원장, 대전문학 편집위원장 등을 맡아 수고하는 현역 문인이다.

연당 김영수 선생의 작품에 대한 평가는 여러 평자들에 의해 이루

어졌다. 엄기원의 「돋보인 선비정신의 시」, 유창근의 「이미지의 작은 마디에 의해 행을 가르는 방법의 시」, 전영관의 「자연 그리고 순수의 아름다움」, 심윤섭의 「자연사랑과 소박한 릴리시즘」, 오순택의 「잔잔한 울림」, 김동권의 「욕심 안 부리고 착한 어린이처럼」, 이용의 「자연과 물질의 아름다운 햇살 같은 마음으로 그려」, 리헌석의 「겨레시에 담은 동심과 시심의 정수」, 태안신문에 실린 「시간과 공간에서 함께 그리며 생각」 등이다.

2013년은 연당 선생에게 결혼 50주년(금혼)과 등단 30년이라는 특별한 의미를 지닌 해다. 세상의 여러 정황들을 초탈(超脫)한 채 살아가는 선생이지만, 자녀들의 권면을 이기지 못하여 시조집과 동시집을 함께 발간하게 되었다. 또한 결혼 50주년을 맞아 동반자를 향한 오롯한 마음을 담아내는 의미도 겸하고 있다.

2. 연당 선생의 서정과 지향

연당 김영수 선생이 어린이들을 위한 교육적 배려로 저술한 책들은 한때 전국 어린이의 필독도서로 선정될 정도였다. 이후 발간한 그의 시조집과 동시집에는 시인의 섬세한 서정과 내면이 담겨 있다. 그의 문학적 지향을 확인하기 위하여, 몇몇 저서를 정독하면서 받은 감동은 형언할 수 없는 힘으로 다가왔다. 일독하면서 받은 감동이 다시 읽으면서 구체화되고, 또 다시 정독하면서 작품의 깊이에 매료되었다.

최근 결혼 50주년과 등단 30주년을 기념하기 위해 발간하는 시조집을 읽으며 그의 겸양에 놀랐다. 일반적으로 기념 문집의 성격은 문학성을 중시하기보다 자신을 드러낼 수 있는 여러 글이나 자료를 다양하게 갖추는 게 상례(常例)다. 그렇지만, 연당 선생의 기념 시조집은 작품 하나하나에 독특한 생명을 부여하는 저서였다. 서문, 시조

작품, 해설 등 가장 극명한 요소만으로 편집하여 문학적 성취를 추구하였기 때문이다. 작품마다 살아 있는 감동을 생성(生成)하고 있지만, 그 중에서 몇 점만을 선정하여 감상하기로 하였다.

「봄의 강(江)」은 3연으로 완성된 작품이다. 연당 선생의 내면과 자연이 합일(合一)되어 있다. 자연을 바라보는 눈부신 서정, 그리고 자연에 동화된 시심, 이를 바탕으로 자연과 시인이 하나가 되는 물아일체(物我一體)의 경지를 담고 있다. 그리하여 이 작품을 읽어 내려가면, 섬진강의 아름다운 봄 강변을 걷고 있는 선생의 뒷모습이 보인다. 그 서정과 깨달음을 독자들이 공유할 정도로 묘사와 서술, 비유와 상징이 뛰어나다.

맑은 물 고운 꽃빛 섬진강 언덕길에
샛노란 산수유 꽃 천사의 모자 같다.
강바람
물소리 따라
조심조심 걷는다.

맑은 듯 고운 물이 자갈돌을 닦는다.
깨끗한 거울처럼 봄꽃을 가득 담아
나비들
날개바람에
꽃구름도 띄우고.

강물은 우리 보고 쉼 없이 배우란다.
막히면 돌아가고 때로는 쉬어가며
물굽이
흐르는 모습
갈무리해 가란다.

— 「봄의 강(江)」 전문

이 작품은 선경후정(先景後情)이라는 전통적인 시조 창작 기법을 원용하고 있다. 첫 수에서는 가감할 필요 없이 작품 그대로 감상하면 된다. 선생은 맑은 물이 흐르는 섬진강을 따라 걷는다. 벚꽃 진달래꽃도 아름답지만, 강 언덕에 피어 있는 샛노란 산수유 꽃이 반긴다. 그 꽃이 가톨릭 신자인 선생의 눈에는 '천사의 모자'로 보였던 것 같다. 여울이었을까, 흐르는 물소리가 명랑하여, 그 소리를 따라 시인이 걷는다. 첫 수를 읽으며 독자들은 이와 같은 그림이 그려질 것이다.

둘째 수에서는 시인의 상상력을 확인하게 된다. 강바닥에는 크고 작은 돌들이 수두룩하다. 섬진강 맑고 고운 물이 그 자갈돌을 씻어 매끈하다. 물도 거울처럼 맑고 깨끗하다. 그 물이 봄꽃의 그림자를 안고 흐른다. 물에 비친 꽃의 그림자를 따라 나비가 날아온다. 그리하여 물에 비친 봄꽃과 나비가 오버랩이 되고, 다시 하늘의 구름이 겹친다. 그러면 물속에 비친 꽃, 날아다니는 나비, 그 나비 날개와 겹친 구름 등으로 인해 〈나비들/ 날개바람에/ 꽃구름〉을 띄우는 것이다. 이러한 인식이 바로 김영수 시인을 훌륭한 시인으로 인식하게 하는 요소로 기능한다.

셋째 수에서는 자연에서 삶의 이치를 궁구(窮究)하는 예지를 보인다. 〈강물은 우리 보고 쉼 없이 배우란다.〉고 말하지만 이는 스스로 배우고 찾아낸 것에 다름 아니다. 〈막히면 돌아가고 때로는 쉬어가며/ 물굽이/ 흐르는 모습/ 갈무리해 가란다.〉에서 인생의 원숙기에 든 시인의 철학적 진실이 작품 속에 투영되어 나타난다. 자연에서 삶의 이치를 배우는 것처럼, 자연에서 애틋한 정서를 환기하는 것 또한 연당 선생이 자주 활용하는 창작 묘법이다.

특히 육친(肉親)에 대한 그리움은 어떤 사물을 만나든지 발현된다.

사랑과 은혜에 대한 특별한 내면화를 통하여 근원적인 삶의 의미를 담아낸다.

형형색색 꽃잎마다 어머님 사랑 담고,
아버님의 뜻을 받아 지키는 오상고절.
저녁놀
붉은 해 보며
물결치는 그리움.

그리움을 불러내어 바람에게 물으면
사랑아 내 사랑아, 꿈결 같은 속삭임.
달빛에
마음을 엮어
오솔길을 밝힌다.

—「들국화」 전문

우리의 산야에는 들국화로 통칭되는 꽃들이 여러 종이다. 들국화는 산국(山菊)이라고도 불리는데, 주로 구절초를 일컫는다. 그러나 감국이나 금불초를 포함하며, 초가을에 피어 된서리 내리는 늦가을까지 피어 있는 꽃들을 포함하며, 그 강인한 의지로 인해 '오상고절'이라 불린다. 연당 선생이 〈형형색색 꽃잎마다 어머님 사랑〉을 담고 있다는 첫수 초장에서 보면, 가을 들녘에 피어 있는 복합적 의미의 '들국화'를 노래한 것으로 보인다. 또한 중장의 〈아버님의 뜻을 받아 지키는 오상고절〉에서 강인한 성향을 찾아내는 것도 동일한 양식이다.

'들국화'에서 어머니를 연상하고, 다시 아버지를 추모하던 시인의 시선은 붉게 물드는 저녁놀로 향한다. 늦은 저녁때 노을 속에서 맞아 주시던 부모님을 연상한 것으로 보인다. 그래서 시인은 〈저녁놀/ 붉은 해〉를 바라보며 부모님에 대한 〈물결치는 그리움〉을 작품에 살려 낸다. 〈그리움을 불러내어 바람에게 물으면〉 예전에 들려주시던 부모님의 음성이 들리는 듯하다. 지금은 작고하여 뵐 수 없는 부모님께서 〈사랑아 내 사랑아〉 얼러 주시던 꿈결 같은 속삭임이 되살아난다. 그 부모님의 사랑은 〈달빛에/ 마음을 엮어/ 오솔길〉을 밝히는 등불과도 같다.

고희(古稀)를 훌쩍 넘긴 시인에게 있어, 어린 시절에 입었을 사랑과 은혜는 더욱 절실하기 마련이다. 자녀들의 돌잔치도 치르고, 다시 손주들의 돌잔치도 치른 후, 세월을 되짚어 자신의 돌잔치 풍경을 유추하여 작품을 빚어낸다.

첫돌에 어머님은 천수를 누리라고
길고 긴 생명의 끈 실타래 놓으시고
"아가야
갑자(甲子)를 돌아
오래오래 살아라."

바람이 불어와도 파도가 밀려와도
삶의 길 이겨내고 참되게 살라시며
수수떡
온 정성 담아
이웃 모두 나누셨다.

돈을 쥘까 붓을 쥘까 실을 쥐면 어떻고
과일 쥐면 어떠할까 조마조마 엄마 마음
첫돌에
돌상 가득이
부모 마음 쌓으셨다.

—「첫」 전문

세상의 어느 누구도 자신의 첫돌에 대한 기억은 남아 있지 않을 것이다. 그러나 시인이 자녀들 돌잔치를 베풀며 감득(感得)한 정서라든지, 자녀들이 손주들의 돌잔치를 하는 것을 보면서 새롭게 깨달은 상황을 바탕삼아 자신의 돌잔치를 유추한 것이다. 이는 특정한 사람의 돌잔치 광경일 수도 있으나, 한국 가정에서 흔히 만날 수 있는 일반화된 정경이기도 하다.

시인이 첫돌을 맞았을 때는 일제시대이고, 오늘날처럼 의약이 발전하기 전이어서 자녀들의 수명이 가장 염려스러웠을 터이다. 그래서 선생의 어머님 역시 돌상에 〈길고 긴 생명의 끈〉 '실타래'를 놓으시고, 아들이 그 실타래를 선택하기 바랐을 것이다. 〈"아가야/ 갑자(甲子)를 돌아/ 오래오래 살아라."〉 기원하는 마음이 그러하다. 이러한 돌잔치 상차림은 자신에 대한 서정적 반추(反芻)이면서, 시대상에 대한 증언(證言)이기도 하다.

현대의 가족형태는 소가족 시대를 지나 핵가족 시대에 들어섰다. 한 가정에 두 자녀 잘 기르기 운동을 펼쳤지만, 최근에는 한 자녀 가정이 늘어나는 추세라고 한다. 이로 인해 부모들의 과도한 사랑과 보살핌, 자신만 아는 자녀들의 이기심 등이 사회 문제로 대두되고 있다. 이러한 때에 전통적인 '돌잔치'는 가정의 의미를 되새기게 하는 작품이다. 〈바람이 불어와도 파도가 밀려와도/ 삶의 길 이겨내고 참되게 살라〉고 하신 부모님의 말씀은 현대사회에서도 금과옥조(金科玉條)로 작용하기 때문이다.

돌잔치를 통하여 살아가는 지혜를 노래한 것은 평생 교육자로 봉직하여 체득한 결과로 보인다. 그는 충남 논산시 연산면에서 대전광역시 중구에 있는 사범학교에 다니면서 훌륭한 교육자가 되기를 소망하였다. 등교 및 하교하던 원거리 통학의 추억, 선후배와 함께 통학하며 쌓은 우정 등이 시조에 나타난다.

별을 보고 달을 보며
뛰고 닫던 통학길

연산역 물을 먹고
양정고개 넘던 기차

서대전
연탄공장 옆
논둑길을 달렸다.

용머리 대사고개
아카시아 향기 짙고

통학생 후배사랑
철길처럼 길고 긴 길

서로가
배움터 찾아
한발 한발 스승의 길.

—「스승의 길」 전문

스승이 되기 위해 이처럼 열심히 학습하여, 그는 모범적인 교사로 평생 초등교육에 봉직한다. 사회적으로나 경제적으로, 또 다른 측면에서 수많은 어려움이 그를 힘들게 하였을 터이지만, 그 모든 난관을 극복하고 40여 년을 봉사한 후 정년퇴임을 맞는다. 이렇듯이 초등교육에 헌신할 수 있었던 바탕에는 남을 위해 봉사하려는 선한 마음이 있다. 약자를 보호하고 도우려는 의협심, 한번 시작한 일은 끝까지 이루겠다는 다부진 의지의 소산이다.

이러한 정서는 '부모의 마음'과 닿아 있다. 시조 작품 「대숲에 서면」의 셋째 수에서 그는 〈어머님 손길 따라 대그릇 태어나고/ 아버님 톱질소리 산마을 울음 울 때/ 텅 빈 속/ 통대가 울면/ 부모 마음 보인다.〉고 노래한다. 아버지는 대숲의 대(竹)를 톱으로 잘라오셨을 터이고, 그 대를 자르고 가늘게 쪼개어 다듬으셨을 것이다. 그러면 어머니는 그것으로 대그릇을 여몄을 것이다.

이런 추억을 간직하고 있는 시인은 대나무 숲에서 바람소리가 울리면 '부모 마음'을 떠올린다. 그는 특정 사물에서 부모님의 정성과 사랑을 연상하기 때문에, 제자를 비롯한 특정한 사람들에게 동일한 정성과 사랑을 베푸는 것이다. 이와 함께 대숲에 서서 대(竹)와 같이 곧은 인품을 가진 제자들을 육성하고자 하였으리라. 평생을 그렇게 살아온 연당 선생의 삶이 시조 작품에 오롯이 담겨 있다.

3. 현대의 고독을 극복하는 예지

현대인들은 고독을 숙명처럼 여기고 살아가는 듯하다. 먼 곳에 사는 사촌보다 가까이 사는 이웃이 낫다는 말은 속담 사전에나 존재하는 시대로 보인다. 출입문을 마주한 채 사는 아파트에서 인사를 나누지 않고 지내는 사람도 부지기수라고 한다. 인사를 나누기는 하지만, 서로 교류하지 않는 사람은 더 많다고 한다. 그래서 많은 사람들과 살고 있지만, 고독할 수밖에 없는 것이 현대인의 실상이다. 자신이 먼저 손을 내밀어 인정을 나눌 수도 있겠지만, 내민 손을 외면하는 이웃이 있어 민망한 경우도 허다하다는 것이다.

이런 세상에 연당 김영수 선생은 천연기념물과 같다. 선생이 동석한 자리는 언제나 수준 높은 해학과 웃음이 넘친다. 상대방을 칭찬하며 대화를 이끌어 가는 리더십을 발휘한다. 교직에 입문하면서 시작한 보이스카우트 지도자의 자세로 언제나 솔선수범이다. 직책의 고하, 혹은 연령의 다소를 막론하고, 스스로 앞장서 봉사하려는 자세가 빛난다. 타인에 대한 배려가 남다르고, 무엇이든지 도와주려는 마음이 아름답다.

그러한 선생의 눈에 '소쩍새' 한 마리가 포착된다. 숲을 떠나 도심에 찾아온 소쩍새는 모든 것이 서투르고 어리둥절하다. 그 정황을 작품으로 승화시킨다. 세상 살기가 서툰 사람들, 현대 물질문명에 익숙하지 않은 사람들을 상징하는 것으로도 보인다.

길 잃은
한 마리의 소쩍새가 날아왔다
대도시 한복판의 아파트 나뭇가지
꽃들도
자동차들도 가만가만 보았다.

나무도 흔들흔들
창문도 덜컹덜컹
전깃줄에 앉아서 그네 타고 놀다가
빌딩숲
골목 길 찾아 요리조리 날았다.

한낮에
아이들이 눈 맞춤을 하려고
더, 더, 더 숨죽이며 다가와서 살펴보다
큰 눈이
노랗고 커서 무섭다고 내뺀다.

— 「소쩍새 한 마리」 전문

연당 선생의 작품은 대부분 설명이 필요 없을 정도로 쉽다. 또한 시조의 격을 높이고, 서정의 아름다움을 발산하며, 올곧은 의지를 담아내는 특징을 보인다. 이 작품 역시 그러하다. 길을 잃은 소쩍새 한 마리가 대도시의 한복판 아파트 지역에 나타난다. 소쩍새는 모든 것이 신기한 듯 큰 눈을 굴리며, 꽃도 바라보고, 늘어서 있는 자동차들도 살핀다. 나뭇가지에 앉았던 소쩍새가 훌쩍 날아 전깃줄로 옮긴다. 바람이 불 때마다 그네를 타듯이 흔들거리다가 빌딩 사이를 날아다닌다. 아이들과 눈을 맞추기도 하지만, 아이들은 소쩍새 부리부리한 눈이 무서워 도망친다. 이와 같은 상황을 시조로 빚는다.

시심의 순수를 담아낸 이 시조는 '제재의 신선함'과 함께 '형식의 새로운 시도'라는 특별한 의미를 갖는다. 단시조는 3장 6구 45자 내외라는 전통적 정형률을 기본으로 하였다. 그러다가 풍자적 혹은 해학적으로 길게 노래하기 위해 사설시조가 발생하였다. 현대에 이르러 시조는 단시조를 중첩하여 연시조를 대두시켰고, 정형률에 의한 단조로움을 피하기 위해 율격에서 벗어나려고 시도한다. 장(章)이나 구(句)를 독특하게 배열하여 변화를 모색하기도 한다.

연당 선생은 시조의 기본적 율격을 지키면서 시대적 흐름을 반영한다. 「소쩍새 한 마리」도 그러한 범주의 작품이다. 시조의 기본 율격은 철저하게 지키면서 행의 배열을 자유롭게 하여 형식의 신선함을 유도한다. 시조 작품에 대한 깊이가 엷은 독자는 자유시로 분류할 수도 있겠지만, 시조의 율격을 이해하는 독자는 수준 높은 형식의 시조에 감탄할 것이다. 이처럼 시조의 고유한 정체성을 확보하기 위해, 기본질서는 엄격하게 지키면서, 일신우일신(日新又日新)하려는 자세를 견지한다. 이러한 시조 형식의 특징과 함께, 이 작품은 상징적 심상으로 빛난다.

연당 김영수 선생은 세상을 향한 열린 마음으로 봉사하기 때문에 긍정적 자세를 유지하고 있다. 여러 단체와 기관에서 적극적으로 봉사하며, 문학 발전을 위한 일에서도 지도적 위치를 확보하고 있다. 정성과 사랑으로 이타적 삶을 살기 때문에 젊게 사는 지혜가 작품 속에서 빛난다. 그의 삶이 오롯하게 담겨 있는 남은 작품들에 대한 감상은 독자들의 몫으로 남긴다.

제13회 정훈문학상 작품상 장 덕 천 시인

1939년 대전 출생/ 《문예한국》 시부문 신인상 당선 (1996년)/ 문학아카데미, 문학사랑, 호서문학회 회원/ 글사랑놋다리집 대표/ 문학사랑 본상 수상/ 대전문학상 수상/ 수필집 『가을에 떠난 사람』 『바람은 흔들림으로 존재한다』 / 시집 『책장과 CD룸 사이』『브람스의 자장가』『수통골 돌밭』『어둠은 아름답다』『풀벌레에게 밤을 내주고』『나는 소리 부자다』『싸구려와 친구하다』

〈수상소감〉

더 정직하게 살라는 뜻인가요?

글쓰기는 제 마음을 닦는 일이기도 합니다.
누가 알아주기를 바라기보다
독자들이 알아주는 글
좋은 글을 쓰려고 노력하고 있습니다.
글이 삶이고,
삶이 글이기에
글쓰기가 참 어렵고 부끄럽습니다.
제13회 정훈문학상 작품상 수상자로 선정되어
더 부끄럽습니다.
삶을 더 정직하게 살라는 말씀으로 새깁니다.

어리석고 부족한 글을 선택하여주신
심사 위원님들께 진심으로 감사를 드립니다.

달빛에 기대어

지천명에 미물의 울음도 내 울음이다
경칩 지난 샘골 싸늘한 호반가
맹꽁이 한 마리 고독처럼 운다
사랑이 나그네인지
삶이 서글픈 바람인지
맹꽁 맹꽁 맹꽁
어둠이 울음이다

목멘 가슴 풀리도록
울고 싶을 때 우는 너는 참 좋겠다.
삶이란 한순간의 소유물이거늘
외로워 우는 것은 너만이 아니다
둥근달이 호수에 내려앉은 밤
낮은 세상 달빛에 기대어
너의 울음 가슴으로 들어 주고 있다.

이심전심(以心傳心)

불혹의 중반에 불의(不意)의 사고를 당했다.
석고보드에 미라처럼 누워 지내는
눈뜨면 지옥이고 눈감으면 극락
극락을 염원하는 고통에서 참 나를 찾았다

생과 사는 둘이 아닌 하나
세상도 나와 둘이 아닌 하나
눈에 보이는 하루가 사랑이다
고독도 사랑 미움도 사랑 고통도 사랑
햇살 어둠 사람 나무 풀벌레
세상 모든 인연이 사랑이다.

사랑은 싸구려 삶도 친구가 되고
내 입보다 네 입에 식권(食券)이 되고
생계를 일꾼에게 넘겨주는 나눔이 되어
새소리며 들꽃이며 달빛이며 무명초와
이심전심으로 마음을 나눈다.

죽음을 염원하는 고통에서

생과 사가 둘이 아닌 하나
너와 내가 둘이 아닌 하나임을 알았다.

* 죽음의 문턱에서 내 것이 없음을 알았고, 너와 내가 둘이 아님을 알았다.

단풍나무 악보

가지마다 잎으로 펼쳐 놓은
알프스산맥의 황홀한 악보를 본다

심산유곡 붉게 지키며
햇살과 바람의 호흡을 맞춘
악보가 참으로 곱고 아름답다

단풍나무는 가을 끝이 아쉬운지
온몸 붉게 빛난다.
(다래술 머루술 마시고 있나보다)

(자신의 삶도 지키지 못하면서)

알프스산장 찬마루에 남루로 앉아
네 황홀한 연주의 빛깔로
생의 허무를 메우고 있다.

장맛이 햇살이네

집안에 부러움을 독차지한 공주로 태어나 슬픔과 한의 세월을 사랑의 그림자로 덮고 산딸기 같은 삶으로 세상에 곱고 붉은 웃음을 나누는 용산면 신토불이 아줌마로 한세상. 6 · 25 전쟁으로 행방불명된 명문대 아버지의 얼굴이며 유복자 아들을 낳아 3살 5살 남매를 키우다 이별의 짐 이고 신작로를 걸어가는 엄마의 길을 기억할까. 중학생인 삼촌 등에 업혀 개구리처럼 사지를 떨며 엄마를 부르던 눈물이 등을 적시고 내 어린 마음을 울리던 통한의 눈물을 기억할까. 삶과 정의 방황에서 하늘 길을 택한 유복자의 열아홉 애한이 내 가슴 한쪽에 평생 가시로 남아온 세월을 셀 수 있을까. 이별처럼 멀리서만 지켜보는 못난 병신을 작은아버지라고 신토불이 콩과 옻순으로 약이 된다는 된장을 담아 보내왔다. 세월이 소유한 오래도록 지워지지 않는 연민. 살아있기에 사랑으로 살아가는 산딸기 발자국으로 빚은 장맛이 가을 햇살이네. 희극보다 비극이 오래 기억되는 상처 입은 미련이 아름답네.

내안에 예수가 지나가고 부처가 지나가고 속세의 노예에서 해방된 인연들.

싸구려와 친구하다

고희에 싸구려란 말이 좋아졌다.
나보다 더 가진 것도 없고
나보다 더 배운 것도 없는 삶을
아이처럼 친구하며 살기로 했다.
나를 위해 속된 마음을 성형한다.
나를 낮추고 낮추니 시기 질투가 없다.
길가에 짓밟히는 흔한 질경이며
조팝나무며 개망초 잡초와도 친구를 하니
햇살도 비도 꽃이 된다.
마음의 벽을 허문 열린 세상
버려진 땅에서도 잡초의 씨앗은 여물고 있다.
그냥 싸구려로 살기로 했다.
햇살로 폈다 어둠으로 접는 길 카페에서
한 방울 넋두리 없는 오백 원짜리 커피에
내 허름한 반나절을 적신다.
싸구려에는 처세의 감옥도 자존심도 없다.
사람을 귀하게 여기는
땀방울 닦아주는 바람과 친구한다.
어떻게 사느냐고 누가 물으면 나는 그냥 물이 된다.

* 길 카페 : 폐 고속도로변 포장마차 커피 집

백련 7

한여름 연꽃마을에서 맹자를 보네
나이 많음을 개의치 말고
지위가 높음을 개의치 말고
형제의 세력을 개의치 말고
덕을 가려 벗을 사귀어라

그대와 나 마음이 아름다운 친구하자
희수의 나이라, 옳고 그름 시비 없고
삶이 잡초라, 낭만이 귀천 없고
교수 아우 의술이라, 세력 없어 걱정 없고
내 이름 가운데 덕을 가려 친구하자

시시한 시간은 없다
하루하루가 일생 일생인 것을.
속내를 마음껏 털어 놓는
사유의 유희로 친구가 되자
마음이 아름다운 친구가 되자

대나무의 말

내 마음은 비어 있지

채울 것도 없는
비울 것도 없는

허공처럼
가벼운 울림이지

욕심을 버린
넉넉한 고요

언제나 빈 가슴이지

마음의 집을 짓는다

집 짓는 일이
마지막 직업이다

풀밭에 수런대는 바람 모으고
하늘이 뿜어내는 뜨거운 햇살도 모으고
어둠 속에서 등불을 켜는 별빛도 모아
기초를 닦는다

영혼의 굵은 둥치를 밀어올려
기둥을 세우고
벽돌처럼 하나씩 하나씩
언어를 쌓아가며
거칠게 돋은 비유의 문장들은
대패질로 곱게 다듬어 낸다

행과 연을 엮어가며
기 승 전 결로 차곡차곡
내 마음의 집을 짓는다

밤새
내 영혼으로 쌓아올린 언어의 사원(寺院)
한 채
시(詩)의 나라에 바친다.

어둠은 아름답다

어둠은 아름답다
참새 들새 잡새들이
너 잘났다 너 잘났다 시새움도
어둠 속에 가라앉는다
깔짐 지는 김씨 아저씨와
날품 매는 강씨 아줌마의 고달픔도
어둠이 감싸안는다

암내를 흔들어대는 어둠에
홀홀 옷을 벗는 알몸의 별들
동공을 채우는 벌레들의 발정 소리
달콤한 꿈을 엮는다

상처를 털어내며
상처를 끌어안으며
어둠이 어둠을 보듬어주는
어둠은 아름답다.

한계령에서

그대가 나를 한 마리 새로
태어나게 할 수 있다면
때묻은 세속을 벗어 던지고
그대 품으로 날아가고 싶다

안개 속에 숨어 있는 봉우리와 차츰
안개를 벗기는 햇살
절벽 위 나무들의 박수소리와
바람에 속마음까지 내어주는 숲
새소리 여유 있는 시간의 명상
파란 하늘의 살결에
깃털이고 싶다

땅과 하늘이 피고 지며
어둠이
사이와 사이의 경계를 허물어도
영원의 날개를 펴고 싶다.

| 작품해설 |

패기와 전진, 영혼을 위하여

시인 **이 탄**

이 시집 원고를 보았을 때 '영혼'이라는 낱말에 한참 동안 골몰하게 되었다. 어휘를 분석하기 위해서 꼼꼼하게 본 것도 아닌데 말이다. 처음에는 '영혼'이 어떤 구실을 하기 위해 사용되었는가, '영혼'이 얼마나 많이 사용되고 있는가 이러한 궁금증 뿐이었다. '영혼'이라는 말이 꽤 많이 사용되었는데 아마 10편을 훨씬 넘지 않나 싶었다. 그렇다면 시인은 '영혼'이라는 말을 어떤 의미가 담긴 이미지로 썼을 것이다. 그런데 영혼도 엄격히 두 가지로 나눠볼 수 있다. 먼저 영혼의 뜻부터 살펴보자.

영혼(英魂)이라고 쓸 때에는 ①훌륭한 사람의 혼, ②죽은이의 혼을 가리킨다.

영혼(靈魂)이라고 쓸 때에는 ㉠일반적으로 죽은이의 넋을 가리킨다. ㉡종교적으로는 다르다. 기독교에서는 불면의 정신을 가리켜 영혼이라고 한다. 믿음이 돈독한 신앙인에게는 영혼이란 말만 가지고는 부족하다고 할 것이다. 불교에서는 영각, 영가라고 하기도 하는데, 영혼은 모든 사람들의 정신적 활동을 뜻한다.

장덕천 시인이 불교를 믿든 기독교를 믿든, 이들과 관계없이, ㉠정신적 활동 ㉡불면의 정신 ㉢훌륭한 사람의 혼, 이 세 가지를 사용한 것 같다.(종교를 믿으면 더욱 좋다.)

처음 시를 훑어보다가 '영혼'을 발견한 시는 「석류꽃 불길」이었다. 여기서의 '영혼'은 앞에서 말했듯이 나를 골몰하게 만들었던 것이다.

낡은 신발을 벗는다

얼마나 많은 빛들이 모여
뜨겁게 불을 지폈는지
얼마나 많은 바람들이 모여
불길을 휩쓸었는지
석류꽃
가지마다 화안하게
번져나가
불타오르고 있다

석류꽃 필 때면
어쩔 수 없는 저 불길 속에
내 마음의 낡은 신발
벗어 던지고
하얗게 재가 되도록
타버린 내 영혼을 본다.

— 「석류꽃 불길」 전문

이 시는 15행 3연의 서정시이다. 문학평론가 유종호는, 우리나라의 서정시는 13행이 많다. (13행이 평균치)고 하였다. 유종호의 말을 빌자면 서정시로서 적당한 길이가 된다고 하겠다.

첫 연은 '낡은 신발을 벗는다'로 1행인데 어떤 신발인지 궁금해진다. 왜냐하면 중요한 의미의 시작을 지닌 신발이기 때문에 첫 행 첫 연에 썼을 것이기 때문이다. 어떤 신발인가 하는 해답은 마지막에 나온다. 석류꽃이 필 때면 자신도 참지 못하여 '마음의 낡은 신발'을 벗어 던지는 것이다. 그것은 곧 화자가 즐거운 마음으로 불속에 뛰어드는 것을 신발로서 상징화시킨 것이다. 또 하나 해결해야만 시가 풀릴 수 있다. 하얀 재와 내 영혼을 '본다'에서 화자의 시각이 어디쯤 위치하고 있는가 하는 점이다. '하얀재'는 '숭고한 재'로 대치시켜 볼 수 있다. 세상의 모든 사물들을 배제시키고 오직 하얀 것으로 타버린 영혼을 바라보는 것이다. 하얗게 타버린 영혼과 '내 영혼'을 비교해 보는 것이다. 그런데 문맥상으로 나의 낡은 신발을 벗어던지고 불 속으로 뛰어들었으므로 나의 영혼은 이미 타버린 것이 된다. 그렇건만 내가 살아 있으므로, 재가 된 영혼을 바라보고 있는 것이다. 죽은 영혼과 살아 있는 영혼이 시 속에서 이미지즘을 형성한다. 재미있고 뛰어난 시라고 말하고 싶다. 그러니까 나의 영혼은 깨끗하고 숭고한 영혼을 지켜보는 것이다. '나도 그런 영혼을 가지고 싶다'는 의미가 이 시의 모티브가 된 것이다. 즉 훌륭한 사람의 혼을 생각해낸 것이다.

다음에는 영혼의 뜻을 '정신적 활동'의 시로 보는 경우이다. 이 또한 군데군데에서 반짝이는 시인의 마음을 나타내고 있다.

집 짓는 일이
마지막 직업이다

풀밭에 수런대는 바람 모으고
하늘이 뿜어내는 뜨거운 햇살도 모으고
어둠 속에서 등불을 켜는 별빛도 모아
기초를 닦는다

영혼의 굵은 둥치를 밀어올려
기둥을 세우고
벽돌처럼 하나씩 하나씩

언어를 쌓아가며
거칠게 돋은 비유의 문장들은
대패질로 곱게 다듬어 낸다
행과 연을 엮어가며

기 승 전 결로 차곡 차곡
내 마음의 집을 짓는다

밤새
내 영혼으로 쌓아 올린
언어의 사원(寺院)
한 채
시(詩)의 나라에 바친다.

—「마음의 집을 짓는다」 전문

이 시에서 화자는 '짓는다'에 힘을 주고 있다. '집 짓는 일을 마지막 작업'으로 내걸고 있는 화자는 기승전결로 집을 지어 간다. 기승전결로 집을 짓는다는 말은 사가 끼지 못하도록 차례차례 할 일을 하는 것을 말한다. 이와같이 집짓는 일을 꼼꼼하고, 정직하고, 성실하게 사물의 순서를 매김질한다. 하늘이 뿜어내는 햇살도 모으고 별빛도 모은다. 여기서 중요한 것은 하늘이다. 이 세상의 이해관계가 아니라 하늘의 감성이다. 때묻지 않고 잇속에 물들지 않는 오직 감성적 하늘, 즉 하늘의 사상이다. 이쯤 하늘을 믿고 정직하게 일을 해 나갈 때 영혼의 힘을 믿는 것이다. 이런 바탕 위에 '정신적 활동'은 멸망할 수 없는 것이다. 정신적 활동은 희로애락을 능가한 융의 기본적인 삶을 말하기도 한다. 융의 집단적인 삶은 기본적인 삶을 말하기도 한다. 그러나 융의 집단적인 삶은 달리 말하면 개인적인 삶에서 비롯된 즉, 마음의 집을 짓는 사람들은 지상에 많이 있을 것이다. 아니 그러한 사람들의 출발이 모두 '언어의 사원'을 지어 '시의나라'에 바치는 것은 아니라 하겠다. '영혼의 굵은 둥치'로 기둥을 세우는 작업은 여간 힘든 일이 아닐 것이다. 이 시를 쓴 장덕천의 시인의 신념은 매우 놀랍다고 할 것이다. 이것은 정신적활동이 아니면 해낼 수 없는 일이다.

영혼이 하는 일을 눈여겨 보는 화자로서는 신경을 써야 한다.

영혼이 미숙할 때 그를 도와야 한다.

집에 페인트 칠을 한다
햇잎 같은 연초록색이다

때 절은 나무결
툭툭 부딪혀 패인 자리
좀먹어 허물어진 모서리
못에 박혀 흠집 난 구멍들
오랫동안 돌보지 못한
집의
몸,

거미줄처럼 진을 치고 있는 허물들을
하나씩 지워나간다

투명하게 걸러진 햇살이
집에 환하다
초록빛 향내가 그득하다
이제 내 마음의 낡은 집도
칠을 해야 한다
때 절고 허물어진 자리마다
햇잎처럼 갓 피어난
순수한 빛깔로
영혼의 보수공사를 해야겠다

— 「내 마음의 보수공사」 전문

20행 5연의 이 시는 영혼을 잘 만들어야겠다는 점을 자 보이고 있다. 이 시에는 3개의 이미지가 돋보이고 있다. 첫째는 허물이다. 좀먹어 허물어진 곳, 거미줄을 친 허물들, 이 많은 허물을 하나씩 지워나간다. 둘째는 햇잎과 초록빛이다. 햇잎은 밝은것을 뜻하는 이미지이며 초록빛에 이어져 있다. 초록빛은 두 가지로 사용된다. 다산하는 것, 즉 생생한 삶의 진취성을 의미 할때 초록빛을 사용할 수 있다. 초록빛은 긍정적 의미를 지닌다. 또 하나는 질투, 죽임같은 무시무시한 것을 의미한다. 삶을 대상으로 할 때 부정적 의미를 지니고 있다. 4연의 초록빛은 1연의 연초록빛을 받아 더욱 공고한 초록빛이다. 4연의 초록빛은 1연의 연초록빛을 받아 더욱 공고한 초록빛이다. 4연의 초록빛은 1연의 연초록빛을 받아 더욱 공고한 초록빛이다. 4연의 초록빛은 허물어진 곳을 완전히 칠한 초록빛이다. 5연은 그러고도 모자란 부분이 발견되었는데 '영혼의 보수공사'가 바로 그 점이다.

잘 읽어보면 단순한 영혼의 보수공사가 아니라 매우 까다로운 보수공사임을 알 수 있다. 우선 갓 피어난 햇잎의 순수한 빛깔이어야 한다는 것이다. 이것은 말이 보수공사지 밤낮을 기다려야만 얻어낼 수 있는 귀한 빛깔이다. 장덕천 시인은 무엇을 얻으려고 불면의 정신을 글귀에 집어넣고 있는 것일까. 이 글을 쓰는 입장에서도 생각하지 않을 수 없다. 이 시 「내 마음의 보수공사」는 「마음의 집을 짓는다」와 일맥상통한다. 좋은 시를 쓰겠다는 신념이 엿보인다는 것과, 영혼에 있어서는 불면한 것을 끝까지 원하는 것이다. 이 두 가지가 상통하는 것이다. 엄밀히 들어가면 영혼에 있어서는 다소 다르다. 「마음의 집…」을 정신적 활동으로 본다면 「…보수공사」는 불교에서 말하는 '실체'를 가리킨다. 물론 내 마음 속에서 일어나는 영혼의 보수공사다. 실제로 눈에는 보이지 않는다. 그렇게 본다면 실체라고 말할 수는 없겠지만, 보수공사를 실제로 본다면 가상적인 실체도 실체로 볼 수가 있는 것이다.

어렵고도 쉬운 시어로 영혼을 군데군데 넣음으로써 시를 맵씨있게 성공한 것이다. 즉 소담한 시들은 결코 과잉되었거나 축소되어 보이지 않는 내용이 아니다. 김현승 시인에게서 보이는 '하이얀 재'는 '견고한 고독'과 관계가 있지만, 장덕천 시인의 '하얗게 재'가 된 영혼은 자아발전의 한 요소가 되어 있다. 시와 싸우거나 시와 벗이 되는 나날이 진전하는 것은 「마음의 집……」「내 마음의 보수공사」 등에서 잘 나타나 있다.

소담한 시 속에 '영혼'이란 고귀한 시어가 삽입됨으로써 한층 더 빛깔있는 시로 보인다. 소담은 여러 가지 뜻이 있는데 여기서는 '소담하다'의 '소담'이다. 생김새가 탐스럽고 보기에도 먹음직스러운 것을 말하는 것이다. 소담의 시라고 하면 저항적 요소가 없을 뿐 서정적 시로서는 훌륭한 시로 보아야 한다.

액자 속에 대부귀
난(蘭) 한 분이 들어 있다
팔 다리 모두 웅크린 채
갇혀 있는 모습이
애처로워 보인다

벽 한 귀퉁이
대못 하나에 달랑 걸려 잇는
액자, 사각의 삶 속에 갇혀
웅크리고 있는 나를 본다.

— 「박제의 삶」 전문

9행 2연으로 된 이 시에 있어서는 사각의 삶을 유심히 볼 필요가 있다. 화자는 액자 속에 있는 난을 보다가 문득 화자 자신의 삶을 들여가 보게 된다. 그런 삶을 표시한 곳이 '애처로워 보인다'와 '웅크리고 있는 나를 본다'이다. 액자 속에 담겨진 그림이 왜 슬퍼 보였을까. 한 폭의 그림으로써 값어치를 정할 것도 아니다. 팔다리를 웅크린 것은 난을 산 것으로 보았을 경우이다. 이것은 보는 사람의 경우에 따라 그렇게도 보이고 이렇게도 보이는 것이다. 장덕천 시인은 항상 전진하는 시각으로 보았기 때문에 액자 속에 있는 난을 성장 불능의 식물로 본 것이다. 하지만 대부분의 사람들은 있는 그대로 보기 때문에 아무런 감각에도 구애받지 않을 것이다. 이 시각은 바로 '나'에게 전달되었다. 그래서 따지고 보면 '나'라는 사람도 별수 없는 사각 안에 웅크리고 있는 '보는 사람'으로 판정한 것이다. 높이 뛰어 봤자 사각 안의 사람이요 아무리 뛰어봤자 사각 안의 사람이라는 것이다.

이 시는 우리에게 많은 생각을 가지게 한다. 앞에서 말한 '사각의 삶'에서 벗어나는 묘안이 있어야 한다. 대부귀 난의 그림을 보면서 '나'도 그와 같다는 처절한 상황에서 헤어나지 못하기에 헤밍웨이의 「살인자」에서처럼 화자는 벽을 바라보면서 난감한 생각에 파묻히게 되는 것이다. 벽에 대한 사념은 이미 옛날의 기법이 되어버렸지만 오늘날에는 자신의 처절함을 나타내는 데 쓰이기도 한다. 「제8요일」에서 주인공은 벽이 3면만이라도 있으면 좋겠다고 말한다. 4면이 아니라 3면만 있으면 좋겠다는 그들! 사랑의 이야기를 나누기에는 3벽만 있으면 되었던 것이다.

이와 같이 세 벽이든 네 벽이든 은밀한 이야기를 나눌 수 있기 바라는 것은 매우 긍정적 해답이 아닐 수 없다. 여기서 우리는 긍정적 해답을 찾아보아야 한다. '속에 갇혀'를 세밀히 살펴 볼 필요가 있다.

'갇혀'를 보면 피동형으로 사용되었음을 알 수 있다. 그러니까 능동이 필요한 것이다. 이 짧은 시구는 매우 희망적이다. 피동의 상태가 한참 지내고 나면 마침내 능동의 상태가 나오는 법이다. 앞에서 세 면으로 된 방만 있어도 좋겠다고 말한 「제8요일」처럼 머지않아 '웅크리고 있는'이 아닌 활짝 웃는 화자를 맞이할 때가 올 것이다. 「박제의 삶」은 누구나 그와 같은 환경에 접한다면 능히 이겨낼 수 있는 생활의 묘(妙)를 발견한다는 사실을 역설한 것이다.

이런 시는 「전람회 그림」과 같은 작품을 가져오기도 한다. 다소 초현실파적인 냄새를 풍기는 경우이다. 그럴 수밖에 없는 것이 세 벽 안에서 웅크리고 생각하다보니 공상도 생기고 또 현실에 반항하는 몸짓도 있게 마련이다.

낙산의 새벽을
파도들이 오가며
지키고 있다.

나무며 바위들이
깨어나기 시작하는 새벽
바다가 먼 어둠 속에서
아랫도리를 벗는다
붉은 선혈이 서서히 비치며
밤새 품어온
알몸의 해를 밀어낸다

태양의 금빛 머리가
조금씩 드러나고
갈매기들이 파도를 찍으며
해를 불쑥 안아올린다

세상은 온통
생명의 축복으로
환호하고
고요하게 잦아든
바다의 몸을
파도가 씻기고 있다.

—「전람회 그림」 전문

낙산을 파도가 지키고 나무며 바위들이 새벽이면 일어난다. 나무를 빼놓고 보면 무생물들이다. 무생물이 의인화되고는 있지만 이것은 산 것과 죽은 것의 구별이 없다. 아랫도리를 벗어보니 붉은 선혈이 낭자한테 그것은 모두 알몸이 해를 맞기 위한 것이었다. 태양의 금빛 머리를 본 사람이 있을까. 바다가 몸이 있어서 파도를 씻기는 것을 본 사람이 있을까. 아무도 본 일이 없는 사실을 시구에 얹어 놓고 있다. 그런데 아무런 해석없이 쉽게 그 사실을 인정하고 있다. 시 한편을 보면 구조가 정확하고 이미지들이 주로 동작과 관계가 있다. 신비 감각으로 다소 초현실적인시에 가깝다. 생명 찬가에 대한 싱싱한 시를 표현하기 위해서 「전람회 그림」을 노래한 것이다.

이러한 시들, 말하자면 '어둠을 헤매고 있는 사람들의 눈을/ 뜨게 하리라'(「목어」) 같은 야심은 패기와 전진하는 눈을 가진 때문이다.

마음의 모든 것을
다 비워낸
고요함
청정함
평온함
두들겨 깨워
눈 감은 채

어둠을 헤매고 있는
사람들의 눈을
뜨게 하리라.

— 「목어(木魚)」 부분

첫 구절부터 '오늘도/ 눈을 뜨고/ 기다린다'와 같이 이 어려운 시대나 지나간 세월을 오직 '눈'을 뜨고 살아왔으며, 계속 눈을 뜨고 기다린다. 무엇을 기다리는 것일까. 그것은 영혼의 고귀함이며 영혼의 튼튼함을 위한 오직 한길 뿐일 것이다.

시 「이순(耳順)의 뜰」처럼 잔잔하고 그 잔잔함 앞에 시대를 저울질하며 '씨앗의 갈무리'하는 곳이다.

또 다른 삶의 씨앗을 갈무리하는
노년의 모습을 본다.

— 「이순(耳順)의 뜰」 3연

시대의 아픔을, 참으로 어느 날 이순(耳順)이 된 것을 알았을 때 '뜨겁게 달구었던 시절/ 속절없이 버리고'(「이순(耳順)의 뜰」)있는 노인을 다시 보는 것이다. 그리고 노인이 되어가는 길이 따로 있음을 아는 것이다. 해탈로 가는 길에서 그래도 패기·전진은 함께 갖고 가는 길이다. 시인이 가는 길에는 「눈의 나라」와 같은 험난한 일도 맞이할 것이다. 그러나 '눈이 무겁게 쌓일수록/ 세상은/ 오히려/ 고요하다/ 속으로 꽝꽝 얼어붙는/ 은밀한 빙판을 만들고 있'(「눈의 나라」)는 것을 알아차리고 화자는 침묵을 침묵으로 지킨다. 이 침묵이 지난 뒤 다시 해야 하는 일들을 생각해 내는 것이다.

장덕천 시인은 비로소 자기의 갈 길과 자기의 할 일을 끝까지 해낼 신념이 무엇인가를 알아낸 셈이다. 얼마 전까지만 해도 알기는 알았지만 이제야 비로소 시 하나 하나에서 의지를 심어 놓음으로써 알게 된 것이다. 계속하여 시를 다져나갈 것이므로, 그와 함께 심어놓은 그 의지가 활짝 피어날 것을 조금도 의심치 않는 이 시집의 시는 그런 의미에서도 한층 더 값진 것이다.

제1회~12회(2012년~2013년)

역대 수상자

제1회 (2002년) 임강빈

제2회 (2003년) 유동삼

제3회 (2004년) 조남익 / 김진성

제4회 (2005년) 이용호 / 옥　빈

제5회 (2006년) 최원규 / 정태준

제6회 (2007년) 김명배 / 육종관

제7회 (2008년) 전태익 / 정대중

제8회 (2009년) 김정수 / 상동규

제9회 (2010년) 리헌석 / 김태완

제10회 (2011년) 구재기 / 김상우

제11회 (2012년) 조근호 / 이병석

제12회 (2013년) 곽우희 / 홍윤표

제1회 정훈문학상 임 강 빈 시인

- 1931년 충남 공주 출생
- 《현대문학》 등단 (1956년)
- 문협 충남지부장 역임(1976)
- 박용래 시비 건립위원장 지냄(1986)
- 요산문학상(1989), 공산교육상(예술부문)(1994), 대전시인협회상(1994), 상화시인상(1998), 정훈문학상(2002) 수상
- 시집 『당신의 손』(1969)
- 공동시집 『청와집』(1971)
- 시선집 『초록빛에 기대어』(1995)
- 정년 기념문집 『채우기와 비우기』(1996)
- 제 12시집 『이삭 줍기』(2012)

수면(水面)

주름진 얼굴이 나타난다
그 거울 앞에서
주저주저할 때가 있다
추한 것은 싫다
내면을 비추어주지 않는 이유도
그 중 하나이다
얼마나 부도덕하고
살짝살짝 스치는 죄하며
사랑의 깊이도 가늠할 수도 없다
벽면 거울에서 무엇을 더 보랴
잔잔한 수면 위로
흩어지는 구름이 한가롭다
억새풀 흔드는 것이 보인다
인가(人家)는 멀리 떨어져 있다
경직된 얼굴보다
잔잔한 수면 위에서
진짜 내가 보고 싶다

선인장

꽃에도 가시가 숨어 있다는데
차라리 홀가분합니다
전부 벗었습니다
실오라기 하나 걸치지 않은 알몸입니다
단단히 무장을 했습니다
이미 알고 찾아왔으니
몸조심하라는 귓말은
따로 붙이지 않겠습니다
색깔은 나름대로 준비되어 있습니다
좋은 걸로 골라보시오
가시에도 황홀할 때가 있습니다

스냅

거실 방바닥에 엷은 햇살이 든다
그것과 몇 마디 건네다가
퇴색한 스냅 사진을 다시 들춘다
거의가 술잔을 높이 들었다
술을 사랑했고
견딜 수 없던 추억이
순간을 스친다
슬픈 과거는 아름답다
멀리 여행한 것 같은데
늘 제자리에서 빙빙 돌고 있을 뿐
인생은 역시 짧구나
정색한 기념 사진은 언제나 쑥스럽다
찰칵찰칵
한 컷 내 진솔은 어디 있느냐

조롱(鳥籠)에게

노랑 부리에
빨간 발목을 한 새야

어찌 너뿐이랴
다양한 색깔의 몸집

높은 음으로
스타카토로 찍찍 끊는다

조롱은 움직이고
여기는 제한구역

슬픈 새는
아예 낄 수가 없다

구슬 굴리듯
예쁜 소리 하는 새야

금싸라기

자투리 같은 시간이
참 소중하다

정색을 하고서
시와 마주친다

사전에 없는
단어를 찾는다

남들이 버리고 간
쓰레기통에서 뒤적인다

분리 수거가 안된
이 시간이

더없이 소중하다
금싸라기다

제2회 정훈문학상 유 동 삼 시조시인

- 1925년 대전 출생
- 유동삼 시조집 (등단 간주) (1967년 회상사)
- 가람문학 회장 (제3대)
- 한밭 시조 문학 창림 초대 회장
- 충남 도내 초중고 학생시조 지상 백일장 입상자를 월간《충남교육》에 발표 시상 4회
- 논산 교육청 근무시 군내 초중고 교사 학생 글짓기(지상 백일장 5회)
- '할머니 말씀' 시조가 1996. 초등 국어 말하기 듣기 쓰기에 실림 (5~2) 6년간
- 항재시조 문학상, 정훈 문학상, 옥로 문학상
- 『소쩍새』 외 5권 작품집 발간(2002), 『새파란 하늘 보면서』(1996. 대전충남학생 우수시조집) 발간. 형제출판사

수양버들

오월달 따슨 볕에 백설이 분분하다
그나마 열매라고 지성으로 솜에 싸아
어디라 정처도 없이 바람 태워 보낸다

만에서 하나라도 호숫가 골짝으로
운명은 송두리째 바람에 맡겼어도
태연히 낮잠 재우는 수양버들 그늘 밑

못 이룬 소원들이 쌓이고 맺히어서
머리 푼 여인으로 한세상 설울망정
기도는 변함이 없다 고개 숙인 가지들

* 첫 시조집 『유동삼 시조집』에서

수련(睡蓮)

이끼 낀 바위 틈에 회양목 푸르고
장미는 노랑 빨강 못 가는 정다운데
새하얀 수련 한 송이 순희처럼 피었다

분수는 힘차게도 하늘로 솟구치고
금붕어 연잎 속에 숨었다 또 나오고
그 잎에 떨어진 물은 은구슬로 구른다

떠 있는 풀일망정 뿌리는 박혀 있다
존다고 수심이야 잊을 리 있겠느냐
자다도 때만 되거든 늦지 말고 피어라

* 첫 시조집 『유동삼 시조집』 에서

상사화

겨우내 그리다가 뿌리치고 나온 게다.
모진 눈발 오히려 불덩이 식혔을라.
늦은 봄 제 열에 못 이겨 시름시름 시든다.

여름내 뻐물러서 초가을에 솟구친다.
어차피 못 만날 것 일찌감치 체념이나
제 뜻도 못 이룬 것이 열매인들 남기랴.

추위는 견딜망정 더위는 질색인가.
해마다 잎은 나도 꽃은 걸러 피는 것이
상사몽 늦더위 속에 큰 몸살이 났느냐.

* 제2시조집 「꽃마을」에서

절구

통고추 짓이기어 큰 뱃속 막 쓰려도
새각시 기를 쓰고 공이질 퍼부어도
빼물려 앉은 자리라 참고 견뎌 사느냐.

모처럼 볶은 참깨 입맛이 당기어도
보리만 대끼다가 떡방아 흐뭇해도
잔 재미 쑥스러운가 입 무거워 못 웃나.

즐거운 가락에는 춤도 덩실 추려무나.
내키면 가다듬어 한 곡조 불러 보렴.
속 빈 놈 덩벙거린다 어느 누가 흉보랴.

* 제2시조집 「꽃마을」에서

개미

자갈밭 함부로 가다 발 삐어 우는 일도
높은 바위 오르내리다 떨어져 피나는 일도
우리는 그런 다친다는 따위 말은 숫재 없다.

봄 날 몇 천이 한 군데로 소풍 갈 제
종일 한 줄로만 긴 행진 벌이어도
호루룩 하나 둘 셋 넷이 아예 필요치 않다.

땅 속 흙집이라 불 날 까닭도 없고
믿는 이웃 사이 담 없이 지내 온다.
이마에 주름살 생길 일 생전 있을 턱 없다.

* 제3시조집 「새꽃밭」에서

제3회 정훈문학상 대상 조 남 익 시인

- 충남 부여 출생
- 《현대문학》 3회 천료로 등단 (1966년)
- 한국문협 대전광역시지회 초대회장
- 시예술상(2004) 수상
- 정훈문학상(2004) 수상
- 윤동주문학상 (2010) 수상
- 시집 『광야의 씨앗』 외 7권
- 시선집 『흙빛의 말』 외 1권
- 시전집 『조남익 시전집』
- 수필집 및 시연구집 등 다수
- 평론집 『향내나는 숲속의 시인들』 외 2권

고대의 시간

참 편리하게 사는 세상이다.
매끈하고 야무진 조약돌들
저마다의 미소로
너인 것처럼, 나인 것처럼
세상은 가도가도 고속도로로 뚫리는 것인가.

내 콧등에서는 땀방울이 떨어진다.
조금은 짭조름한 바람기 타고
엎어질 듯 넘어가는
땀방울의 영롱한 비애 속으로
등 굽은 사나이가 혼자 걸어간다.

이슥고 나뭇가지에 떨어지는 물방울
그 작은 경련을 보며
고대의 시간은 언제나 나를 경악케 한다.

忠淸道・1

南村里에 서른 여섯 지붕은
南村里의 서른 여섯 입이다.

뿌리조차 땅에 내린
하이얀 근심들을 먹고
南村里의 서른 여섯 지붕에
지금도 하늘로 뿜는
가느다란 연기…….

하늘은 넓은데
안 보일 듯 흐트러지는
白髮의
슬픈 모가지야
어디로 갈리는 거냐.

땅에 사는 이의
연약한 한숨으로나 물길어 올리는
저 무궁한 노을도 같고,

千年의 가을이 내리는
잡초같은 우리네의 가장 귀한 꽃송이도 같고
아하, 南村里의 서른 여섯 입이 머금은 것은.

신이 줍는 노래

끝까지
아주 끝까지
살아가다가
굴러가다가

애오라지
썩지도 늙지도 못하는
영영 외톨진 한 줌은
이승에 떨어지는 새빨간 토막…….

세상은 넓어도
세상을 먹고 살은 이의
다 타지 못한 옹이가 들었다.

바람 부는 날에
이삭처럼 떨어진
어스름 저녁,
빈 들인데

어딘가 성큼
天鵝聲이 울리고
아하, 神이 줍는 노래여.

나들이

오가는 길섶에
비인 호주머니의
일년초
꽃송이들이여.

한 평생
눈칫밥 먹고
가녀린 어깨 너머
하늘나라 自生의 무게로
흐드러지게 꽃이 피었다.

월급장이의
한 평생,
용케도 지탱하여 온
아내의
서러운 두 손도

오늘은
확 트인 郊外에서
모처럼 고운 눈빛이여.

自由의 넋이 불타고 있었다.

풀꽃

들길이
남에게 오거나 말거나

산길이
북으로 가거나 말거나

소나기와 천둥 속에
홀로 넘치는

노랑 꽃
하얀 꽃

구름 너머
백마 타고 오시는

소식이
있거나 말거나.

제3회 정훈문학상 작품상 김 진 성 시인

- 1962년 충남 논산 출생
- 1989년 《우리문학》 추천
- 시집 『중이 되고 싶다는 여자와』 『정희의 구름』 『한밤의 통화』
- 2004년 제3회 정훈문학상 작품상 수상

묘비명

문득 얻은
한구절에
평생을 연연한,
어리석고도
행복했던 자
여기
잠들다.

돌

승천을 꿈꾸는
돌이 있다.

흙 속에
뿌리를 묻지 못하고
굴러다니는
차디찬
돌덩어리 하나

밤마다
달빛
별빛으로
날개를 짓는
돌

다른
모든 돌들은
더 단단히 굳은
땅속으로 묻히려고만 하는데.

슬픔을 빙자하여

슬픔을 빙자하여
가슴에 묻히고 싶던
여인이 있었다.

외로움을 빙자하여
한없이 끌어안고 싶던
여인이 있었다.

가난함을 빙자하여
다 찌그러져가는 집에서
단둘이 살고 싶던 여인이 있었다.

사랑을 빙자하여
천길 낭떠러지 아래로
같이 죽고 싶던 여인이 있었다.

사랑의 죄

사랑하는 것은
죄를 짓는 일이다.
내 슬픔
내 고독
내 가난을 짐지우게 하려는
그대를 향한
이 지독한 사랑병은
오히려
사랑을 욕되게 하는 일이다.

망자(亡者)의 노래

어머니, 당신의 모습을
볼 수는 있지만
손잡을 데가 없습니다.

어머니, 당신의 음성을
들을 수는 있지만
말할 수가 없습니다.

어머니, 어머니
당신의 슬픔을 느낄 수는 있지만
위로할 수가 없습니다.

제4회 정훈문학상 대상 이 용 호 시조시인

- 충남 공주 출생
- 고려대 국문학과 졸업, 서울대 신문대학원 석사과정 이수, 명지대 대학원 국문학과 박사과정 수료, 명지대 대학원 문학박사 수위, 대전일보 문화부장, 논설위원, 출판국장
- 한국신문편집인회 보도용어 통일 실무위원, 한남대, 서울여대, 경기대, 인천대, 목원대, 배제대, 대전대 강사. 명지대 교수, 충남도청 자문위원, 충남도 문화재 위원, 한국문화재신문 고문, 이동훈 100주년 기념전 운영위원, 대한언론 논설위원, 정훈문학상 운영위원장, 가람문학상 운영위원, 춘파전형시비건립 위원장, 이재복 시비 추진위원장
- 동광문화사 대표
- 신문 신춘문예당선. 근대시조의 재조명 연구 광복30주년 「문학전집」(정음사) 수록 외
- 『풀꽃소묘』 시집발간 (동광문화사) 외
- 『노랑꽃개나리』-2008 문공부 우수도서선정(동광문화사)
- 정훈문학상, 시조시인 협회상, 문학재정 제2회 국제교류문학대상, 로타리3680 총재표창 8회

조춘(早春)

1 어린놈

할미꽃 꽃쪽두리 두손에 들고와서
울 밑에 씨를 심는 제 어미 부르다가
샛노란 병아리 쫓아 마당가를 맴돈다

2 빨래터

봄 내가 푸르러 하늘 빛이 푸르러
오리같이 앉은 맵시 아낙들은 색동꽃밭
뚝에는 눈이 시린 옥양목 필로 널렸네

3 풀피리

가늘고 질긴 목숨 사뭇 푸르게 남아
버들이 눈트는데 밭 머리 화분(花粉) 날으네
손깃을 다듬고 앉아 되울림만 받는다

산에서

산에는 산신(山神)이 살아 항시 청청한 주변(周邊)
나이를 잊어버리고 수염은 옷깃에 말려
새소리 조금만 스쳐도 살에 배는 이 산빛.
맥(脈)짚어 더듬노라면 저 생금(生金)의 줄기
비늘의 가람 떼 지어 우는 산새 풀벌레 폭포수
버렛소리 수유꽃 선지빛 동백 마구 문질러
미뿌다 신비에 쌓여 눈을 트는 은혜여
젓대소리 별을 앞세우면 사납던 짐승 순해 지고
칡순 찔레순 씹다가 석간수에 목 축이고
금이 간 바위를 닮아 문득 깨닫는 제 모습
그윽한 흙 내음 어디서 오나
바위틈에 수줍던 난초 그림으론 못 옮긴다
인정은 갈려 천만 갈래. 산은 마냥 그대로.

겨울대나무

단 한번 뿌리내려 나무는
제 자리에서만 큰다
겨울대나무 잎사귀
푸른 화음 엮은 노래여
마침내 대금(大笒)이 되어
그 목청 산 빛이다

흰 눈발 내려부어
휘청이는 가지마다
온 새떼 품에 앉고
추위를 보내다가
초봄이 오는가 하니
죽순(竹筍) 왕대로 솟다.

낙엽(落葉)

편지를 쓰다 지친 사연은 접어두고
벗나무 단풍잎 ,꽃잎 하도 고와 부쳤더니
다음 날 반가운 그가 먼 길을 오데요

서로가 말이 없이 낙엽을 밟으면서
따스한 두 손을 잡아 팔장으로 원을 긋고
저 달이 기울 때까지 긴 능선을 그렸오

신록(新綠)

신록이 흔든 하늘 태산목 바람일고
달밤은 온통 꽃물결 일렁이는 용(龍)트림
계룡산 연천 상봉에 멀리 불빛 흐른다.

산호의 꽃대궁이 뭍으로 올라와서
가지마다 바람결은 해풍(海風)으로 노래하고
잡목림 파릇한 잎은 솔밭 사이 나빌레.

제4회 정훈문학상 작품상 옥 빈 시인

- 충남 계룡 출생
- 1993년 문학세계 신인상
- 시집 『그대 가슴까지 붉게 물들이겠어요』『흔들렸던 추억은 아름답다』
- 제7회 한국생활문학상작품상
- 제4회 정훈문학상작품상
- 제3회 김장생문학상작품상
- 2012 대전광역시장공로상(문학부문)
- 한국문인협회 회원
- 대전문인협회 회원
- 문학사랑문인협회 회원

여름, 고향에 가면 그녀가 있다

고향에는 아직도
보리밭 사잇길을 거닐던
그녀가 있다

고향에 가면
어스름 저녁 아카시아 향 가득 따라주는
그녀의 하얀 손을 볼 수 있다

고추밭 언덕길 옆 산딸기 빨간
그녀의 젖꼭지를 볼 수 있다

푸른 호박잎 사이로 고개 내민
둥근 그녀의 얼굴을 볼 수 있다

고향에 가면
들녘을 가로지르며 흐르는 개울을 따라
그녀의 거친 숨소리를 들을 수 있다

고향에 가면 그녀가 있다
나를 기다리지 않는

가을, 고향에 가면 그녀가 있다

새벽 이슬방울을 터트리던 그녀가
밤나무 아래 발목을 적시고 있다

가을, 고향에 가면
꽃무늬 몸뻬 바지를 입은 그녀가
들녘을 비우고 있다

고추밭에 가슴을 묻은 채 수건을 둘러쓴
그녀의 맵지만 고운 사랑과

무밭 푸른 흙 속을 빠져 나오는
그녀의 뽀얀 발목을 볼 수 있다

홍시 붉은 얼굴로 그녀가 낙엽을 태우고 있다
사랑처럼 피어오르는 연기 속으로
그녀가 노을처럼 서 있다

고향에는 지금도
무궁화 꽃 같은 그녀가
은행나무 아래 노란손수건을 흔들며 서 있다

아내와 바둑을 두며

봉숭아 물 곱게 든 손가락 사이 검은 돌들이 자리를 잡을 때마다 기다림은 잘 놓아진 징검다리가 되지 당신과 살붙이고 살아오는 동안 비틀거렸던 일들이란 잘못 놓아진 돌처럼 가끔은 버려야 할 일들도 생기는 법이지 어찌 보면 기다림은 우리가 건너야 할 튼튼한 징검다리를 만드는 일인지도 몰라 당신의 다음 한 수를 기다리는 일이 들마루 파란하늘 아래 앉아 당신의 입술과 눈동자를 바라보고 가끔은 가슴도 엿볼 수 있는 욕심 없이 흐르는 구름 같은 것이지 검고 흰 돌마다 기다림으로 놓여진 바둑판이 우리 집이네

차단기

— 업무일지 4

더위처럼 하루를 살았습니다
저문 강가의 쓸쓸함처럼
배전반에 쪼그리고 앉아
전선을 연결한 오후 내내
창밖에는 비가 내렸습니다
흐르는 것이 어디 강물뿐이겠습니까
쉼 없이 달려와 차단기 앞에 멈춘
보이지 않는 전류
기다림으로 충만한 힘을 보았습니다

기다림으로 꾸는 꿈은 행복했습니다
땀에 젖은 작업복에서
풀잎 향 냄새가 났습니다
아내를 생각했습니다
켜짐과 꺼짐의 스위치를 바라보며
하루는 시작하고 마치는 것이 아니라
켜짐으로 움직이는 모터처럼
살아있음으로서 희망을 꿈꿀 수 있는
그래서 견디어 내는 인생이
더 아름답다는 것을 알았습니다

기계설계

— 업무일지 15

설계도면의 부품을 그리며
치수와 공차를 기입한다.
당신과 나 그리운 꿈을 그리는 날마다
우리 사랑의 거리는
공차범위 안에 있었으면 좋겠다.
원활한 작동으로 필요한 제품을 만들기 위하여
재질을 선정하고 다듬질을 표시하는 부품마다
당신 입술과 마주하듯
뜨겁고 부드럽게 살아가라고
각각의 소임을 부여한다.
화단을 가꾸고 꽃 피우는 일처럼
용지에 부품들이 그려지고
우리 그리운 꿈이란 당신과 나 손잡고
화단에 핀 꽃을
오래도록 바라보고 싶은 것이다

제5회 정훈문학상 대상 최 원 규 시인

- 충남 공주 출생
- 《자유문학》 신인상(김광섭 선생 선으로) (1962년)
- 1967년 충청남도 문화상
- 1976년 현대문학
- 1986년 한국P.E.N.문학상
- 1996년 현대시인상
- 2006년 정훈문학상 등
- 시집 『겨울가곡』『바다와 새』『비 속에서』『오랜 우물곁에서』 외 17권

작은 유산

이제 너에게 줄 아무것도 없다
이것 저것 챙겨보았지만 하찮은 도자기
그림 몇 장과 내 이름이 새겨진 빛바랜
책 몇 권일 뿐이다
그 날 약간의 취기 때문인지 알 수 없어도
울먹은 목소리로 너의 이름을 불렀던 일
더 참고 견뎌야 할 것을 마침내 잊고
말았구나
나는 항상 아버지의 초상을 옆에 두고
아침 저녁으로 그 분의 말씀을 듣고 지낸다
참으로 참는 것이 무엇인가를
참으로 꿈에서조차 마음이 고요해지는 것이
무엇인가를 그 분의 눈빛에서 읽고 있다
너에게 줄 아무것도 없지만
내가 물려받은 돋보기와 백달나무 염주
필사본 반야심경 붓과 단계석벼루
이것들을 고스란히 너에게 물려주마

낯선 거리에서

아물 수 없는 회한처럼
둘러보아도 낯선 집과 골목
낯선 얼굴뿐이다. 그들과 어울려
잔치를 치루는데 내가 꼭 찾아야 할 사람은
보이지 않고 낯선 사람들은 나를 왜 자꾸 경계하듯
눈을 마주치는지 모른다.
왜 그 사람을 찾아야 하는지 모른다. 다만
내가 찾아가야 할 곳을 그 사람이 알기 때문이다
잔치는 무르익어가고 음식을 주워 먹기에 분주하다
그럴 때에는 먹지 않는 것이 가장 현명하다고 생각하며
반복될 윗 속의 위험스러움을 경계한다.
그는 시카고 우체국 근처에서, 나를
헤어지자고 한다. 황망스럽다. 오해야 비행장은
알지만, 어데로 가야할지 모르기 때문이다
안다. 잘 안다. 그의 장난스런 목청과 몸짓
나는 불면의 덫에 쌓여 꿈은 한가롭지 않다.

보살 앞에서

지금 당신 앞에 서있습니다
동지선달에도 꽃이 가득한 온실
훈훈한 바람이 옷깃을 스쳐옵니다
당신의 미소는 햇살, 금빛으로 빛나고 있습니다
아귀(餓鬼)와 식탐으로 들끓는 지옥에서도 환히 웃고 계십니다
당신의 말씀은 한없이 부드럽고 넘쳐나는
아침바다의 파도인 듯 한결같은 숨결로
온갖 살육과 피로 얼룩진 오늘을 한꺼풀씩
녹여내고 있습니다
자비는 받는 자에게만 주는 것이 아니라
아침이슬, 가득한 보석, 밤하늘의 별들처럼
누구나 받아 담을 수 있는 것이 아니오잇가

눈부신 저녁

나무 잎새가 검게 짙어지거나
해가 길어지는 길목에서
낯선 사람들과 한 덩어리가 되어
이곳에 밀려왔네

그러나 모두 조용히 인사를 나누고
서로 손뼉을 치며
큰 웃음소리로 기뻐하며
때로는 손을 잡고 이곳에 몰려왔네

뜨거운 해가 내 팔뚝에 내려 앉아
붉게 달라붙어도 저녁 해는 너그럽게
바람끼리 가슴을 식히며
연꽃이 넉넉한 호반을 이루었나니

아! 보랏빛 그림자가 길게 드리운
바닷가 방카를 타고 열대어와 한몸이 되어
눈부신 저녁의 우수를 잊은 채
눈 뜬 등대의 지평을 바라보네

빈자리

빈자리는 기다리는 자리다
곧 돌아올 자리를 남겨 놓은 여백이다
그러나 영 돌아오지 않는 자리는
바람이 머물 뿐이다
여름 바닷가에서
태풍이 몰아치는 몸부림 이거나
먼 파도의 거센 울부짖음 이거나
그 곁에도 빈자리는 있다
가득 찬 만조의 밤바다
방파제 바로 그 곁에
뽀송뽀송한 흙으로 다져진
빨간 들꽃 한 송이 조용히 웃고 있다

제5회 정훈문학상 작품상 정 태 준 시인

- 1944년 충북 충주 출생
- 월간 《한국시》 시 등단
- 시집 『몽산포 가는 길』 『난지도 가는 길』 『어머니 그리고 아내』 『게쎄마니의 잠』 『함부로 쏜 화살』 『머물다 떠난 순간들』
- 고등학교 음악 교과서에 작곡 「추심」이 수록. 작곡집 『추심』 발간
- 충주여자고등학교 교장으로 정년퇴임
- 충북 궁도협회 회장 역임
- 2006년 제5회 정훈문학상 수상

과녁

차디찬 흑백의 논리를 깔고
빨간 심장이
빨갛게 유혹한다.

쇠촉과 꿩깃의 갈등도
허리를 꺾어제끼는 역류도
바람은 오직 하나
붉은 심장

탁—

관중(貫中) 소리에
左와 右의 理念이 하얗게
허공에서 부서진다.

시위

시위를 당겨
부들부들 숨이 넘도록 붙잡고 늘어진다.

가슴 가득 안겨오면
잊은 듯 떠나보내야 되는 것을

나는 왜 이토록
선뜻 놓지를 못하는 걸까

뿌리치고 떠난 女人이
풀썩 과녁 발치에 주저앉는다.

집착이 오늘밤에도
달래강 가를 맴돈다.

화살의 소망 2

나를 이제 그만 놓아 주셔요
그렇게 잔뜩 붙잡지 말고요
그냥 내 멋대로
저 푸른 하늘로 날아가게 버려두어요.

날개를 달고 싶어요
한 길로만 가게 하는
깃은 싫어요, 속박이어요.
너풀너풀 과녁 없는 곳으로 날아갈래요.

홍심으로의 집념은
너무 무거운 짐이어요.
깃 하나 떼어버리고
푸르릉
아무 데로나 날아갈래요.

그렇게 살래요.

태평궁

양팔을 오므리고
이것저것 잔뜩 끌어안은 놈은
고집이 세다
욕심이 많다
젊은 놈이다
세상 무서운 줄 모르고 뻗대기 한창
어줍잖게 다뤘다가는 훌러덩 튀기 일쑤다.

도지개에 묶여
이리 비틀리고 저리 비틀리고
밟히고 제껴지고

세월아—

바람이 불면 부는가
꽃이 피면 피는가

점화장에 넣어 아무리 단근질을 하여도
다 내어 주고 양팔 벌려 미소 짓는
태평궁이여.

어머니

무겁에 살을 주우러 가면
어머니가 기다리신다.

비가 오나 눈이 오나 묵묵히
그 자리에 그렇게

가슴에 못을 박는 놈
발치에서 맴도는 놈
청개구리 같은 자식은
이리 비끼고 저리 비끼고

까맣던 눈썹은
하얗게 바래지고
이제는 홍심에서 흘릴
붉은 피마저 말라버려

달래강 붉게 들이며
노을로 나지막이
과녁을 덮는다.
어머니를 감싸 안는다.

제6회 정훈문학상 김 명 배 시인

- 1932년 충남 천안시 목천 출생
- 안성산업대학교 교수 정년퇴임
- 한 대학교 문창과 명예교수
- 《현대시학》 추천 등단
- 문협 천안지부 창립 지부장
- 한국시인협회 자문위원
- 시집 『청동색 음성』 등 10권
- 천안시 문화상(교육문화) 수상
- 녹원문학상(시) 수상
- 충청남도 문화상(문학) 수상
- 국민훈장 모란장 수훈
- 문학사랑상 대상 수상
- 정훈문학상 수상

山中問答

— 허튼소리

산마당 한 켠 옹달샘 가에서
혼자 놀고 있는 계집아이에게
어른들 어디 계시니,
너 참 예쁘다고 말을 걸었더니
내 얼굴만 빤히 쳐다본다.
아빠 어디 가셨니,
엄마도 어디 가시고 라고 물어보아도
내 얼굴만 빤히 쳐다본다.
싱거워서 짐짓 할머니 안 계시지 라고
농 한마디 던져 보았더니 그제서야
손가락으로 등뒤 산을 가리킨다.
이 아이는
동화책 속의 꽃사슴 아니면
어쩌다 옹달샘물 몇 모금 더 마시고
어린 아이가 된
지리산 산할머니인가.
할아버지 어디 계시니 라고 물어보아도
내 얼굴만 빤히 쳐다본다.
이 수수께끼는 너무 난해하다.

여우 고개

— 허튼소리

옛날 옛날에 한 사내가 여우고개를 넘다가 예쁜 여우각시 만나 업고 와서 한 사흘 밤낮으로 뜨겁게 살고는 여우각시 따라 여우고개로 들어가 버렸다는데,

그런 일이 한두 번이 아니라는데,

만약에 내가 사흘밖에 못 산다 하면 여우고개 넘어서 여우각시 업고 와 그 사흘 밤낮 뜨겁게 사랑하다가 훌쩍 떠나 버릴 수 있을까.

수술해야 두 달이라는 의사의 선고를 받고도 수술하고 10년을 넘어 살았으니 이제라도 여우고개 한 번 넘어보라고 아내가 농을 거네.

저도 눈이 있지, 70이 넘은 나를 홀릴 리야 있겠느냐마는 혹시라도 여우각시 보게 되면 나도 그것 좀 보자 그것 좀 보자 농이나 던져 보아야겠네.

갈등

— 허튼소리

소낙비 억수로 오는 날
난데없이 미꾸라지 한 마리
산 59번지 안마당까지 와서
길을 잃었다.
하늘로 오르려는 모양인데…

저걸 살려 줘. 그냥 둬.

까치
— 허튼소리

태조산 각원사 노스님을 만나고 돌아온 날 밤 아내는, 밤새도록 아내 땅에 심은 홍옥을 캐다가 내 땅에 옮겨 심고, 나는 또 내 땅에 심은 청옥을 캐다가 아내 땅에 옮겨 심고, 노스님은 그것들을 도로 제자리에 다시 옮겨 심는 꿈을 꾸었다고 잠결에 옹알이더니, 아니나 다를까 새벽부터 까치가 텃밭에 내려와 한바탕 큰 소리로 자지러진다. 그게 뭐 그리 배꼽잡을 일인가. 홍옥 심은데 홍옥 나고 청옥 심은데 청옥 나는 게지.

고추잠자리

가을 들판을 보라 하셨네.
고개 숙인 황금들판
이것이구나 했네.
70이 넘어서부터 가을 들판엔
사라진 허수아비가 자꾸 보이네.
고개 숙인 황금들판에 서 있는
외다리 허수아비, 그 허망
혹시 저것 아니었을까,
가을 들판을 보라 하신 뜻,
가을 하늘은 늘
높고 푸르른데
고추잠자리도 헷갈리고 있네.

제6회 정훈문학상 작품상 육 종 관 시인

- 1951년 충북 옥천에서 태어나 우체국에서 근무
- 한남대 국어교육과와 같은 학교의 대학원 국어국문과
- 1991년 창조문학 신인상을 수상
- 『하늘 끝에 걸린 파문』『끝없이 님을 부르고 있네』『님이 오시는 길은』『나의 머리 위에는 언제나 하늘이 있어요』
- 총회신학 대건연구원 학부과정을 수료
- 오랜 투병으로 현재는 일상을 지내고 있다.

기쁨이 샘솟는 웃음

사람에게는
누구나 기쁨이 샘솟는 웃음을
머금고 살고자 하나,
우리의 뜻대로 의지대로 되지는 않습니다.

값비싼 화장품을 바르고 분장하여도
그 내면에 흐르는 근심·걱정을
가릴 수 있나요.
아니면 높고 높은 권력을 잡았다 하여도
재물이 많고 학벌이 좋다 하여도
그 외부적인 장식을 가리고 숨길 수 있나요.

무엇보다도 기쁨이 샘솟는 웃음을 머금으려면
아니, 나타내고 표현하려면
마음 속 깊이 내재되어 있는
우리의 심령을 정화(淨化)하고 정화하여
맑고 밝은 표정으로 우러러나야 합니다.

거울을 보고 기쁨이 샘솟는 웃음을
자주 자주 끝없이 반복하여야 최고의 화장입니다 주님.

그 어디 있으랴

우리에게 주어진 생명을 살아갈 때에
주님의 은혜에 감사하지 않는
성도가 그 어디 있으랴.

마치
흐르는 강물이나 계곡물이
소리내어 노래하지 않는 것이 어디 있으며,
고인 바닷물이라도
조석에 따라 흐르고
물결치며 출렁이어서
춤추며 찬양하지 않는 바다가 어디 있겠는가.

수 많고 수 많은 사람들이
믿음에 따라 믿는 절대자에게 경배드리듯
우리들도 자기의 믿음과 소신에 따라
언행이 드러나듯이,

감사하거나
불평·불만을 토로하며
삶의 역정을 꾸려 갈 때에
주님께 순종하며 감사하지 않는
성도가 그 어디 있으랴 할렐루야 아멘.

내가 나인 것은

내가 나인 것은
수많은 세월이 켜켜히 쌓이고 묻혀
한편으로는 많고 많은 사람의 은덕과 공덕도 있었고

활자속에 집요한 끊질긴 만학도 있었네.
기쁨보다는 가슴시린 어린시절이 많아
찬바람 속에도 묵묵히 견디어 온 때가
오늘날 내가 나인 것을 보여주고 있었지.

그런 무게 속에 내 창고 속에 만 갇혀있는
은밀한 비밀.
홀로 살짝 엿 볼 때가 간혹 있지만
그 속에는 자아만이 누리는 역사와 애가도 더러있어
남몰래 흘리는 눈물도 있네.

오늘도 많은 변모와 변화속에 살고 있는 집사와 문인으로서
마지막 등불을 끄지 않고 밤늦게 지키고 있어요.
아니, 바람과 구름과 건너편 햇살속에
성전을 드나들며 주님만 바라보고 순종파 하고 싶네.

우리 집

아침에 일어나 창문을 열면
울창한 살림이 다가서고
5月 에는 붉은 장미가 피어 있는
우리 집.

맑고 밝은 신선한 공기가
풋풋한 향기로 다가서있는
싱그러운 내음으로 가득한
우리 집.

무엇보다도 하나님 귀한 말씀
가깝고도 정겨운
우리 집.

늘 공원에 나가
스트레칭과 근력운동과 유산소운동
청량한 공기와 일광욕
하나님이 주신 주변환경
자연의 질서와 섭리에 감사한
우리 집.

좋은 계절

네 번째 쓰러져
병상에서 창밖을 내다보니

벚꽃
목련 개나리에 이어

봄날과 함께
참으로 따스하며 환하게 피었다.

하나님은
어떻게 영광을 드려야 할까

묵도하기에
참으로 좋은 계절이다.

제7회 정훈문학상 대상 전 태 익 시조시인

- 1945 충북 영동군 학산면에서 출생
- 학산중, 학산상고, 한국방송통신대학 졸업
- 1975 《영동문학》 작품 발표로 문단활동 시작
- 1981 《시조문학》 추천(월하 이태극 선생)
- 1981 《문학예술》 신인상 수상
- 1983 《충청일보》 신춘문예에 시조 당선
- 1991~2 행우문학회 회장 역임
- 2004~7 충북시조문학회 회장 역임
- 시조집 『학이여 학산에는』『그대 바람 앞에서』『우회도로를 걷다가』『눈빛 닿는 곳마다』
- 시집 『강아지풀이 화장을 하고 있다』『흔들리는 것은 아름답다』
- 칼럼집 『예술인의 고백과 여행』『어울리기』『전태익의 우리말 사랑』
- 수상 [한국시조비평문학상] [제2회 인터넷문학상][제4회 호승시문학상]

천망(天網) 1

나는 죽어서
매미가 되겠다

어쩌다 거미줄에 걸려
옴달싹 못한대도

울잖는
매미가 되겠다
첩첩산중 응달에서.

천망(天網) 2

애당초 뵈지 않는
그물 속에 갇혀 산다

벗으려 피하려도
자꾸 덮씌우는

뉘 모를 그물에 걸린
난 외로운 짐승이다

황사 낀 벌판 멀리
번지는 고뇌의 늪

저리 기도하며
죄짐을 지고 가는

어쩌다 박제 아니면
은바늘로 꽂힌 나비.

도피어(逃避魚)

물고기들은 곧잘
스크럼을 짜 행군하며
수문을 열라
흐르는 물줄기를 타고
우리는 뛰어넘고 싶다
구호를 외치지만

요즈음 강가엔
늘 안개가 끼어
잠적한 달의
또아리도 못 풀고
수초에 알 낳는 버릇
원천(源泉)으로 닿아 있다.

박제(剝製)의 외출

보인다
헛세가 놓고 떠난 구름 한 장
릴케가 버리고 간 장미 한 다발
황산벌 말발굽 소리
계백(階伯)의 비장함도.

사라진다
벼랑 위에 홀연히 나타났던
대사(大師)의 지팡이만 봐도 도망하던 군졸들이
자욱한 안개 속으로
절룩절룩 사라진다.

들린다
광맥(鑛脈) 어디쯤 살이 우는 소리
물기 젖은 눈으로 나를 쏘아보는 화석
겁(劫)바다 비명을 삼킨
무너지는 파도 소리.

어느 날의 등산

등산 중에 눈을 만났다.
햇빛 속으로 내리는 눈
수많은 나비 떼
저 만용을 보아라
겨울새 서너 마리가
날아가는 하늘 저 쪽

햇살에 반사된
무논의 얼음은
큰 유리거울이 되어
눈이 부시더니
궁궐도 이상한 궁궐로
우리 일행을 안내했다

빈 둥지에 남겨둔
밀어(密語)는 잠들어
임시막사 같은
차창을 달고
우리가 닿을 영원한 나라로
겨울 늪을 건넜다.

제7회 정훈문학상 작품상 정 대 중 시인

- 충북 영동 출생
- 《문학사랑》 신인작품상
- 대전문인협회 이사 역임
- 문학사랑문인협회 운영이사
- 한국조폐공사 재직
- 시집 『둑을 넘어 흐르는 물처럼』『카오스의 해변』『거미줄이 내게 묻다』『아니다』

붕어빵 아줌마

당신은 세상의 등불입니다

당신이 있음으로
어둔 세상 한 켠이 황금색 빛으로 채워집니다

당신이 있음으로
메말랐던 인정이 하이얀 김으로 피어납니다

당신이 세상의 등불인 것은
당신 없는 야윈 포장마차가
찬바람에 떨고 있는 것을 보면 알 수 있습니다

당신이 세상의 등불인 것은
당신 없는 낡은 포장마차가
도시를 스산하게 하는 것을 보면 알 수 있습니다

당신은 분명 세상의 등불입니다

대청호에서 1

환한 호수의 팔랑거림
은빛 섬모는 물결을 일으키고
물결은 바람을 일으켜
산자락을 타고 올라온다
신록의 이파리들도 팔랑이고
내 마음도 바람 물결 따라
팔랑개비처럼 돌기 시작한다

우주의 기가 조응하는 순간은
언제나 어찔하다

대청호에서 2

물비늘의 산란
온 산의 이파리를 뒤흔든다

나의 영혼
한 무리 마른 갈대처럼 떨고 있다

눈부신 어느 봄날의
완벽한 조화

강변에서

강물은 도저한 생물이 되어
느리게 움직이고 있네
강심에서 새어나온 한숨은
어둔 밤 지렁이울음처럼
싸르르르
모래언덕을 기어오르네
다 삭이지 못한 회한은
마른 갈대를 스치우는
한줄기 여린 바람이 되고
여운은 공중에 흩날려
한 점 구름으로 흘러가네

가을 강변엔
구멍 뚫린 것들만 살고 있었네

추부 가는 길

추부터널로 향한 17번 국도
금단의 황색선에
짜부라져 얼룩가죽으로 남은
들고양이 하나
인간이 선포한 금지령에 맞서
온몸으로 저항한 흔적
나 죽더라도 저 황색선을 건너리
차가운 아스팔트 바닥에
달라붙은 구호
압착되어버린 자유의지
불온한 전단(傳單) 한 장

第8回 정훈문학상 대상 김정수 시인

- 부여(양화, 원당) 출생
- 서라벌고등학교, 침례신학대학교를 졸업
- 《시와시론》으로 1976년부터 작품활동 시작
- 시집 『벽화』(1970) 『四月의 러브레터』(1979) 『조선란』(2003) 등
- 시선집 『김정수시선집』(2008)
- 한국경제신문 · 일요신문기자, 동양일보 취재1부장(편집국장직) 역임
- 대전시민의 상(1977), 충남문학상(1981) 수상
- 한국문인협회 대전지회 초대 부회장 역임
- 한국문인협회 · 대전시인협회 회원

무인경비실

처방전 때러 약 타러 침 맞으러 혹은 지인 만나러
외출을 한다. 종종
그러나 귀가길엔 언제나 취해 돌아온다.

우리 동네 초입에 턱 버티고 선
무인경비실
빨간 신호등 줄줄이 매달고
두팔 올렸다 내렸다
입출차량 통제도 오차 없이 수행하고
화등잔만한 눈 부릅뜨고 오가는 사람 감시하면서
〈서행하세요〉〈CCTV 녹화중〉
전광판의 붉고 푸른 활자들을
온몸으로 빙글빙글 돌리고 있다.

티눈 박히듯 또렷한 활자들이,
무섭게 노려보는 시커먼 눈동자가
내 눈알에 섬찟 박히면
여지없이 나의 귀가길은 허둥댄다.
두 발이 흔들리고, 온몸이 흔들리고,
지팡이가 흔들리고, 취기가 흔들리고,

언제 어디서 몇시 몇분 몇초까지의
내 마음을, 내 행동을,
누군가가 샅샅이 녹화하고 있다니, 섬뜩하다.

어머니의 퍼즐

내 나이만큼 먼저 다달으신 어머니의 말씀
얘, 인생? 암것도 아냐.

첫 눈

갓 깬 나비 떼가 쏟아져 훨훨 날아온다.

내 하루

내 하루는
가을하늘입니다.
구름 한 점까지 말끔히 쓸어낸
가을하늘입니다.
왼 종일 말 걸 사람 하나 없는
내 하루는
무엇이든 그리고 싶고 담고 싶은
파란 가을하늘입니다.
어쩌다 구름 한 덩이 스치듯
내일은 노인독감예방 접종차
외출을 할 참입니다

유등천을 바라보면

시 쓴다는 말만이라도
정겨울 때 있었다.

대뜸 소주 잔 주고받으며
문학에 대해, 인생에 대해, 철학에 대해, 종교에 대해
아는 만큼씩 떠들다가
서슬이 시퍼렇게 날선 시대에 대해
거침없는 난도질로
객기부릴 때 있었다.

대폿집 목로에서
파출소 보호실에서
치욕스럽게
통금시간 넘길 때 있었다.

젊은시절을
철없이 허비하지 말라시던
아버지의 꾸중, 여태까지 쟁쟁한데
창밖 유유한 유등천을 바라보면
웬지 모르게 불쑥불쑥
줄곧 철없이 허비한
젊은날들로 걸어 들어가 모조리
찾아 나오고 싶을 때 있다.

제8회 정훈문학상 작품상 상 동 규 시조시인

- 1967년 경기도 평택에서 태어나 청주사범대학 국어교육과 졸업 및 한밭대학교에서 사진학을 부전공했다
- 1998년『文藝思潮』 신인상 시부문, 2005년『아동문예』 문학상에 동시조가 당선
- 문인협회 대전광역시지회, 문학사랑, 아동문예, 현대동시조 회원으로 활동 중
- 시집『대관령 감자꽃』(2001)
- 전기『尙震의 生涯와 思想』(2004)
- 시조집 『수직으로 일어서면 수평으로 눕는 바다』(2009)
- 현재 대전 경덕중학교 국어교사로 재직 중

능소화 필 때

가슴속 사무친 그리움을 키우며
하늘로 휘- 휘- 틀어 올린 넝쿨 손
수줍어 얼굴 붉히던
주홍빛 그대 생각.

빛바랜 님 소식에 정한(情恨)은 서러워
바람도 애잔하게 머물던 빈 뜨락
말없는 기와 담장엔
이끼만 푸르러라.

쓰린 세월 보듬어 피고 지던 한 생애
가녀린 가지마다 눈시울 붉었는데
밤마다 눈물 꽃 피우는
그 마음 누가 알까.

종유석(鍾乳石)에게

지층을 헤치고 찬란한 꿈을 키우며
어둠의 공간에서 해후(邂逅)를 기다리는
해묵은 한 방울 눈물
강물 되어 흐르고
가슴속 매어달린 슬픈 그대 생각에
긴 세월 조금씩 일어서는 설레임
어느 날 살며시 다가와
마주앉을 그대여
자궁같은 아득한 미로를 향하여
사무친 그리움에 손을 저으면
돌기둥 그 모습으로
만나야 할 인연의 끈.

가을비는 내리고

여름내 숲으로 숲으로
비바람 몰려가더니
온갖 소문이
꼬리 물고 난무하더니
음산한 혁명 전야에
붉은 깃발이 날린다.
지상은
섬뜩한 반역으로 타오르고
삐라를 허공에 뿌리며 달려온
갈증에 목마른 것들이
하늘까지 물들이면
어스름 새벽, 제 몸에 불 지르며
점령지에 내리는 철지난 꼬시래기
비릿한 음모(陰謀)를 덮으며
한 소큼 지나간다.

서리태 3

단풍 물 곱게 들던 청양댁 몸배바지
들바람 막아주던 철지난 무늬마다
섬뜩한 신열로 일어서는 야생의 신경통증.
오지게도 옹골찬 칠십 평생 농사일
먼 지층의 저편에 낙인찍힌 흉터마다
삭신은 호미 날 되어 제 몸을 긁고 있다.

그리운 대추나무

뜨락에 뿌리 묻고 모질게 다진 세월
시리고 시린 절망 시시로 밀려와도
봄마다 켜켜이 묻어둔
별빛 하나 키우지.

한여름 등에 지고 깡마른 몸이 되어
버즘으로 피던 시름 뜨겁게 불 지르고
영글던 붉은 눈물 속
고이 접힌 젊은 날.

앙상한 가지마다 깊게 배인 슬픔은
겨울날 갈꽃 되어 스런스런 날리는데
가슴속 가부좌한 봄,
그립겠다. 아버지

제9회 정훈문학상 대상 리 헌 석 시인

- 1951년 충남 공주 출생
- 《시와의식》 신인상 시부문 당선 (1982년)
- 《월간문학》 신인작품상 문학평론부문 당선(1984년)
- 충남문인협회 이사 역임
- 한국문인협회 이사 역임
- 대전문인협회 이사, 사무국장, 부회장, 회장 역임
- 현재, 사단법인 문학사랑협의회 이사장
- 현재, 문학전문지 계간 《문학사랑》 《오늘의문학사》 발행인
- 현재, 인터넷신문 [아트 투데이] 발행인
- 현재, 한밭예술포럼 대표
- 시집 『갈채의 숲』 외 10권
- 수필집 『식장산 편지』 외 1권
- 문학평론집 『우리 시의 얼개』 외 4권
- 대전광역시문화상 (문학부문) 수상
- 정훈문학상 / 호승시문학상 / 진로문학상
- 현대문학 작품상 수상

마하트마 간디

메마른 흙에 뿌리 내린 선인장을 주웠습니다.
몇 날 며칠을 두고 물 한 번 주지 않았는지
방글라데시 난민촌에서 죽어가는
새까만 아이의 비틀린 팔과 다리가 보였습니다.
이 꺼지는 생명의 불씨 앞에서
구세주의 복음을 떠올려 보며, 먹을 것
입을 것을 걱정 말라 하시던
구세주의 깊은 뜻을 가늠해 보았습니다.
구할 입도 없는 선인장
두드릴 손도 없는 선인장
찾을 눈도 없는 선인장
그의 기력 없는 부르짖음을 만났습니다.
내 투명한 인정의 바람소리
그 확고한 신념의 삽날이 살아나서, 꿈인 듯
되살아나서 물 주어 가꾸었습니다.
다 죽어가던 둥치에서
마하트마 간디의 조용한 걸음걸이가
푸릇푸릇 함성으로 살아나고 있었습니다.

장승 곁에서

성황당 돌무덤을 지나며
부서질 듯 애절한 울음소리를 들었다.
굴참나무 옹이 속에서 터지는
휘파람 소리를 들었다.

달리던 말발굽 아래 흩어지던 억새, 그 가슴 에이는 노래, 서라벌로 가라, 사비성으로 가라, 대륙으로 가라, 중앙아시아로 가라, 바다로 가라, 태평양 먼 대양으로 가라, 굴참나무 옹이에서 들리는 활시위 소리에 놀란 새가 울었다. 밤하늘의 달을 따리라 목놓아 외쳤다. 마지막 남은 별을 따리라 외쳤다. 파도치는 절규가 일어서서 달렸다. 우우 산기슭을 흔드는 노래로 달렸다.

대밭을 지나며
울먹이는 눈물 빛보다 시린 새벽
밤새도록 이슬로 달아놓았던
어머니, 빈 가슴의 등불을 보았다.

개심사 일주문

일주문에 드는 일은 비우는 일이다.
가벼운 바람이 드나드는
저 문을 지나면
봄꽃처럼 흩날리는
자잘한 미움까지 버릴 수 있을까.

가파른 길 오르면서 만난 바람이
가슴으로 스며든다.
세상에서 받은 생채기가 덧날 때마다
이를 옥 물며 눈심지를 세우던
자화상(自畫像)이 무섭다.

고무신에 물을 채우고
올챙이 몇 마리 잡아왔지만,
자고 나면 둥둥 떠다니던 그 슬픈 아침,
그때 들리던 풀벌레 울음소리가
이명(耳鳴)으로 여전하다.

얼마나 더 흔들려야 지울 수 있을까.
개심사 일주문을 들며 나며,
순정하게 씻어내고 싶다.
흩어진 욕심의 그늘까지 찾아 지우며,
길을 쓰는 바람이 되고 싶다.

가을에 우리는

저것 봐,
맑은 하늘을 머금으며
구절초, 저 연연한 눈빛이
그리움을 가꾸네.

분노처럼 거칠게 몰아치던
태풍도 용서하고
폭우의 아픔도 잊고
하늘 닮은 마음이 되려네.

저것 봐,
과원에 넘치는 함성들
인고의 세월 건너 흔드는
진실의 깃발들

가을에 우리는
햇살에 영그는 소망을 보며
하나가 되네,
순정한 가슴을 나누네.

대천바다에서

대천 바다와 사랑하고 싶다.
밀물과 썰물처럼 부대끼며 살다가
허리를 펼 수 있다면,
그대와 함께
아침놀에 일어나
저녁별을 맞이할 수 있다면,
어선 드나드는 저기 저 포구에 가서
깃발을 내리고 싶다.
성주산 구룡 벚꽃이 피어
지워지던 비문이 되살아나고
탑신만 남은 아픔마저 툴툴 털 수 있다면
해무처럼 피어오르는
그리움을 접으며
해당화 붉은 꽃술처럼 아름다운
섬이 되어도 좋겠다.
때로는 걸친 것이 없어도
부끄럽지 않은
백사장의 어둠을 만나
사랑을 나눌 수 있다면,
우우 바람소리로 흐를 수 있다면,
추억의 낱장을 세어가며
물풀처럼 어울려 살고 싶다.

제9회 정훈문학상 작품상 김 태 완 시인

- 충북 청원군에서 출생, 신탄진에서 성장
- 계간《오늘의문학》에「금강변 억새꽃」「빽」등이 당선 문단에 등단하여 작품 활동을 시작함.
- 시집으로『추억 속의 겨울은 춥지 않다』『마른 풀잎의 푹심』『왼쪽 사람』등
- 한국문인협회, 대전문인협회, 문학사랑, 호서문학, 대덕문학 등 회원
- 현재는 신탄진에서 대전북부새마을금고 전무로 재직

분노의 정리

너는 단단한 돌멩이다 차돌멩이 거대한 돌산이다
너는 내 몸의 그림자, 보려하면 보이지 않는 무지개다
너는 내 몸의 상처다 만지려하면 고통만 커지는 형체 없는 기억이다
너는 쇳덩이다 활활 타오르는 불을 품은 저 지독한 고집이다
너는 싸움꾼이다 두려움도 없이 무작정 달려드는 거친 황소다

나는 돌멩이로 나의 그림자를 힘껏 내려친다
나의 그림자는 고통스럽게 울부짖으며 찢어진다
형체는 사라졌어도 고통의 기억은 고스란히 남아 거친 불길에 몸을 던진다
불속을 견딘 쇳덩이가 붉은 숨을 쉬며 단단해진다
뒷발을 득득 긁고 있던 싸움꾼 황소가 쇳덩이 같은 뿔을 고추 세우고
으랏차차 돌진한다

너는 무엇이 되어
그 뜨거운 쇳덩이를 삼킬 것이냐

꽃이불

한 여름 밤
철없는 어린 것들
땡볕으로 달궈진 하루를 덮고
알몸으로 뒤척이다
잠든 별빛들
아비의 늦은 귀가 길
풀리지 않는 생업
살포시 내려놓고
어린 것들의 달콤한 꿈
가슴에 담고 미소집니다
별들이 내려놓은
이 땅, 희망의 영역에
빛이 닿지 않는
구석진 곳의 가난한 기도
철없는 어린 것들
꽃이불 덮고 잠이 듭니다

먹이의 분류

나는 어디에 내려앉을까
산중턱 휘어진 나뭇가지에 내려앉은 독수리 잠시 날카로운 부리를 외면하고
멀리 파도를 몰고 오는 바다를 응시한다
바다는 먹이를 찾은 독수리처럼 큰 날개를 펼치며 묵음의 공포를 몰고 오는 중
포악하고 독한 성깔은 독수리와 바다가 서로 닮았다
생존은 배고픔에서 시작되는 순진한 진리라면 좋겠다
먹이를 찾아 떠도는 것은 입 달린 짐승만은 아니다
먹이를 낚아챈 독수리가 위험한 산중턱 벼랑에서 허기를 채우는 동안
또 한 짐승이 독수리를 흉내 낸다
먹을 수 없는 위세를 물고 산 중턱 벼랑에서 욕망을 뜯어 먹는다
나는 무엇을 물고 어디에 내려앉을 것인가
날카로운 부리 대신 욕망의 손톱은 죽어서도 자라고 있었다

거미집 3

적막한 내 맘처럼 떠있는 하얀 집
욕망의 실체를 벗겨놓은 뼈마디가
늘어진 지루한 한 뼘의 시간에 걸려
어지럽게 빙빙 돌고 있는 구석진 방
살아온 시간을 엮으면 저와 같을까
먹이를 기다리는 일이 우리를 치열하게 만들 때
빙글빙글 돌아나오는 손바닥만큼의 광야에서
아찔한 버팀으로 돌아오는 허기
우리는 언제나 옷 벗은 하루를 씹어 삼킵니다

거미집 4

방울토마토와 과꽃과 넝쿨과 무궁화 사이
집 짓고 사는 거미는
작고 미천함을 탓하지 않습니다
미동도 없이 제자리를 지키며
조금씩 불어오는 바람을 집안으로 끌어들입니다.
저 가녀린 욕심이
방울토마토와 과꽃과 넝쿨과 무궁화 사이를
따뜻하게 품었습니다
작고 미천한 것들이 생겨났으므로
생명은 찬란한 순수로 시작되었던 일을
몸으로 이야기합니다
거미 한 마리 내 가슴으로 들어와
방울토마토가 열리고 과꽃이 피고 넝쿨이 자라고
무궁화로 활짝 웃는
누추한 집 한 채 소리 없이 반짝입니다

第10회 정훈문학상 대상 구 재 기 시인

- 충남 서천 출생/ 1978년 [현대시학]으로 등단
- 시집 『편안한 흔들림』과 시선집 『구름은 무게를 버리며 간다』 등 다수
- 충남도문화상, 시예술상본상, 대한민국향토문학상, 충남시협본상, 한남문인상 등을 수상
- 2010년 2월 28일자로 40년 11개월의 교단에서 물러나와 고향 서천의 [산애재(蒜艾齋)]를 운영하며 살아가고 있음

흔들의자

등을 기대고 앉아 있으면
세상이 흔들린다 흔들린다는 것이
이토록 편안할 줄이야
창밖으로 보이는 바다, 그 물결이
출렁이면서 바다가 살아있다는 것이
보인다 도무지 마음 가지 않은 것들도
한 번쯤 흔들리고 나면 정이 붙는다
흔들릴 때마다 하늘이 내려와 앉고
멀리 보이는 작은 섬들이 치솟다가
물속에 잠기기도 한다 한 여름
무더위가 씻은 듯이 사라질 무렵
흔들리며 살아간다는 것이 안심이 된다

배 한 척이 수평선 위에 뜨기까지
얼마동안이나 육지를 밀어내며
흔들려 나아갔을까 한 발자국도 내딛을 수 없는
세상에서 혼자서만 편안하게
흔들리고 있는 나를 본다

등 푸른 고등어

소나기가 지나간 뒤
웅덩이에 흙탕물이 가득했다.
햇살이 다시 오고, 바람 그치더니
드디어 바닥이 보이기 시작했다
바닥이 있어 흙탕물은
조금조금 가라앉힐 수 있었을 게다
아, 나도 한때 흙탕물이었다
내 하고많은 눈물 속의 소금기로
간고등어처럼 절여진 어머니의 가슴 바닥

바닥을 보이는
맑아진 웅덩이의 물속에
푸른 하늘이 내려와 앉아 계시다
등 푸른 고등어 한 마리, 헤엄치고 계시다

벽

바로 서면,
둘

무너지면,
하나

너와 나
큰 사랑이 된다

죽순

겹겹이 기운 그늘
그늘마다 닿는 햇살

은유로 뿌리 내린
우울한 고향 들녘

인동의
아린 중량으로
키를 재는 노란 손톱

차가운 불

한때
나의 사랑은
너무 뜨거웠다

지나고 나면

온몸에
숭숭 구멍 뚫린
차가운 화산석 하나

제10회 정훈문학상 작품상 김 상 우 시인

- 1952년 경남 고성 출생
- 계간《문예운동》등단
- 청하문학회, 서울시단, 문학저널문인회 및 한국문인협회, 한국문인협회 회원
- 《詩뿌림》,《글발》동인
- 육군 군무원으로 33년 근속
- 퇴직 후 대덕대학 군사학부 강사로 일하고 있음
- 시집『흔들리는 초상』『오래된 사진』『작은 것들에 대하여』

한계령

오르지 말라

비밀이다
여기가 어딘지를 묻지 말라

너의 빈터
혼자
오지에 서라

쌓은 것의 소멸을 반복하는
차디찬 운무의 계곡을 휘집어
도도히
네 존재의 눈금을 허공에 그어라

등 굽은 스피노자의 고독한 안경 너머

펄럭이는 건
너 혼자다

소나기

갑자기 듣는 그녀의 목소리는
늘 투명하다
깊은 산골짜기에
맑게 고여 있다가
촬랑 넘쳐
물 한 자배기를 쏴아
이마에 붓고는
네,
네,
잠시 잠시 끊는 사이
그녀는 늘 신선하다
어느새 산굽이를 돌아
맑은 물에 종아리를 담그고 있다

거미

대청소를 하다보면
집안에 늘 거미줄이 숨어 있다
구석구석 어둡고 습한 곳만 골라
그물을 걸어놓는
거미, 그에게 집은 바다다
허공 깊은 수심 속에 욕망을 쳐두고
생활을 낚는 어부의 여유
가구와 가구 사이를 섬처럼 떠다니며
끌고 다닌 길들을 풀어놓는다
노를 저어 망사무늬 슬픔을 뽑아
치열한 현의 음률로 튕겨 올려
고여 있는 시간들을 파도치게 하는
거미, 그는
낡은 족보다
쓸어내고 털어내도 언제나
거미줄에 가볍게 낚여 있는
나

콩나물을 다듬다

그리움이 어두워지는 저녁
일없이 아내 곁을 기웃대자
천 원어치 콩나물 그릇을 건네며
발이나 따라고 하네
세 치 키의 콩나물 다리들을 가지런히 뉘여, 나는
삭둑삭둑 실발을 다듬네
하나 둘
저만치 일생이 잘려나간 슬픈 발들이
팽개쳐진 구석에서 숨죽여 우네
언제 발 대접 한 번 받아본 적 없이
허공을 딛고
바튼 숨길 가쁘게 밀어올리며
아래로 아래로
없는 듯 버텨왔을 실낱 같은 신음 곁에서, 문득
잊고 살아온 미운 발 하나 떠올리네
시린 허공 속에서 사무치게 뜨거웠을
바닥 갈라진 작은 발 하나 그립네

등반

산에 가도 산은 안 보이고
산줄기 밀고 가는 황국(黃菊)의 혼만 보인다
귀를 열면 어디선가 홍보석 같은
더 큰 귀들이 심장에 들어와 눕고
소리도 없는 곳에서
문득 메아리 하나가 허공에 길을 낸다
그러면 내가 떠난 뒤 끝에 누가 남아서
이 길로 소리도 없이 지나가리니
그러면 또 눈감고 고요히 지켜보리라
산에 든 내 안에 귀가 앉아
또 하나 볼 수 없는 산이 들어서서

제11회 정훈문학상 대상 조 근 호 시조시인

- 충남 논산 출생
- 성동초등학교, 논산대건고등학교, 공주교육대학교, 충남대학교 대학원 졸업
- 《충청일보》 신춘문예 당선
- 《시조문학》 추천으로 문단 데뷔(1984)
- 《문학사랑》 신인상 문학평론 당선
- 한국시조문학상, 대전문학상, 충남외솔상, 한국동시조문학상 교육부장관, 통일부총리 표창, 국무총리 표창 수상
- 한국문인협회, 한국시조시인협회 회원
- 아산시 모산초등학교장 정년
- 시집 『겨울 엽서』『그대의 강에 흐르는 갈채』『달빛 밟기』『바람의 동행』
- 평론집 『유동삼의 시조와 삶』(편저)

햇살 축제

슬픔이 삭고 삭아 한숨이 되기까지
한숨은 꽃을 피워 노래가 되기까지
여리디 여린 목숨을 세워
탈춤 추는 광대 얼굴.

햇살바라 누벼온 삶 회한 깊은 태백의 들녘
참담한 비감(悲感)으로 불씨를 다독이며
짜릿한 고통 하나에도
낯붉히는 꽃이었지.

껍질 속에 익힌 미소 이제 낙과(落果)로 벗고
굳어진 마음들을 정(情) 하나로 녹이며
어렵게 다가온 햇살
창세기의 봄이었네.

일출기

밤새껏 부대끼다 흰 빛 한 점 세워놓고
바다는 돌아누워 산후병을 앓고 있어
뼈끝을 저미는 태동 꿈틀대는 날빛이여!

마지막 기름불에 살라버린 형벌인데
어젯밤 달무리에 구원(久遠)으로 돌던 세월
정결히 열린 문으로 일어서는 빛, 빛살.

아득한 원시림에도 빛은 살아 있었거니
묵향으로 번져나는 깊숙한 희열이여!
꽃들이 웃는 소리를 영상으로 듣는 아침.

백자 앞에서

임진란에 죽은 도공(陶工), 죽어 하얀 흙이 되다.
회한 속에 묻힌 임네 한 조각 심장만 살아
살과 뼈 뜨겁게 비비며
피로 짜던 월광곡.

빛이 선다.
가랑잎에 묻힌 임의 서러운 눈빛.
흙 묻은 숨소리를 역사 앞에 정결히 씻고
청청한 씨알을 캐며 퍼져나는 흰 빛이여!

천년 세월 사무친 혼 강 따라 다 흘렀어도
점토로 앓던 넋이 달빛 먹고 우뚝 솟아
비로소 옷고름 풀며
아! 숨을 쉬는 목숨 한 점.

사북, 혹은 갈망의 숲

오늘도 사북(舍北)행 열차는 운행되고 있었다.
움푹 패인 가슴으로 검은 한숨이 흐르고
모두가 떠나가 버린 숲
널브러진 꿈의 파편.

정제되지 못한 소망
지층 속에 남았는데
파 들어간 막장에도 분수의 꿈은 솟구치고
보름달 솟는 밤이면 반딧불로
떠돌던 혼.

그대 기억하게나
벗고 싶었던 남루의 탈을.
갱목 사이사이 질긴 목숨 받쳐 놓고
한때는 힘차게 달리던 길
겨울 수사(修士)로 누운 사북.

촉석루에서

어디서부터 예까지 흐르는가. 남강은
때마침 쏟아져 내린 여름 폭우로 하여
강물은 복사꽃 닮은 피울음을 뱉는데…….

천년을 우려내고도 속을 비우지 못한 바위
끝내 불사르지 못할 초가삼간 바라보며
둘러선 진주 성벽도 발을 동동 굴렀겠지.

임진란 그때에도 달빛은 빛났으리.
꽃잎처럼 떨어지던 애증의 눈물자락
오늘사, 그대의 안부를 묻노니
핏빛어린 바람이여.

第11회 정훈문학상 작품상 이 병 석 시인

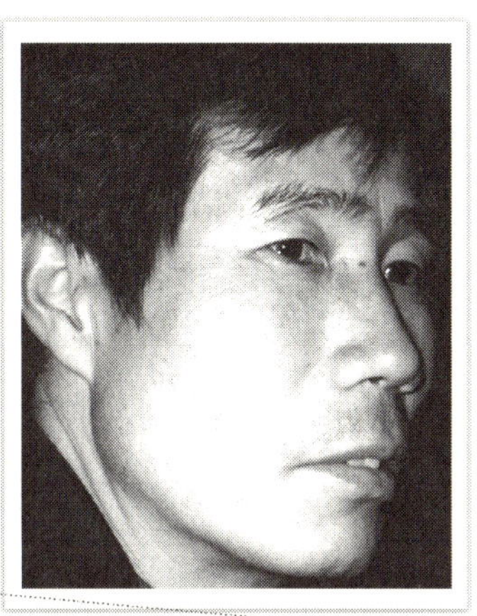

- 1985 천안 문협 회원으로 작품활동 시작
- 1992 《문예사조》 신인상
- 시집 『끈에 관한 명상』『묘원일기』
- 충남문협, 충남시협, 서안시문학회, 천안문학, 천안시인회, 대전·충남 가톨릭문학회 회원

새들의 반란

최첨단 산업개발 이후
새들이 하늘을 떠나고 있다.

비둘기가 다가구 주택 유리처마에 똥을 쌌다. 퍼질러 쌌다. 고향마을에서는 까치가 잘 익은 과일만 골라 쪼아 먹었다. 사과도 배도 남아나지 않았다. 남해 어느 섬에서는 꿩들이 창궐하여 애써 가꾼 콩이며 팥이며 닥치는대로 갉아먹었다. 꿩섬이 되었다. 또 어느 동네에서는 백로떼가 마을을 덮쳐 온 마을을 똥천지로 만들었다.

창문을 못 열고 사람들은
똥냄새 틈서리로 하늘을 보았다.

가위질 論

종이를 자르다가 가위에 베었다.
상처에서 쓰다 만 편지들이 뚝뚝 떨어진다.
아버님 전상서, 어머님 전상서
사랑하는 아내여 사랑하는 내 아들아
못 다한 사연들이 상처를 비집고 나온다.

전지가위에 살을 베었다.
자라다 만 가지들이 상처를 비집고
새순을 내밀고 있다.
하다 만 공부, 짓다 만 집
부러진 가지들이 옹이 되고 있다.

옷을 마르다가 손을 베었다.
재단하다 만 옷가지들이 우우 몰려들어
농성을 한다. 맞지 않는 치수
누더기 된 입성에 대하여, 지천명에 대하여
제대로 마름질하기를!

기도 2009

제 몸에 문이 많습니다.
기쁨이 들어오는 문 슬픔이 들어오는 문
행복도 들어오고 불행도 들어옵니다.
원하옵건대 제 안으로 들어오는 모든 것들이
제 몸 밖으로 나갈 때 청정하게 하소서
기쁨이 슬픔이 되지 않게 하시고
슬픔이 슬픔으로 되돌려지지 않게 하시고
행복이 불행이 되거나 불행이
불행으로 굳지 않게 하소서
바라옵건대 제 안에 머물던 모든 것들이
몸 밖으로 나갈 때 순결한 희망이게 하소서
기쁨은 더 큰 기쁨으로 복을 낳고
슬픔은 더 없는 보약으로 만복의 거름이 되고
저의 복은 세상 모두의 복이 되게 하시고
불행은 제게서 영원히 멈추게 하소서
간청하옵건대 제 몸의 문으로 들고나는
모든 것들이 순하게 하소서 평화롭게 하소서

촛불은 기도였습니다

바람 앞에 촛불이 있었습니다.
바람과 촛불 사이에 제가 있었습니다.
바람 잠잠할 때 촛불은 조용히 빛을 냈습니다.
그러다 갑자기 폭풍우 몰아치고
거센 바람이 덮쳐왔습니다.
금방이라도 꺼질 듯 심하게 흔들리는 촛불 앞에서
심장이 멎을 듯 제 몸도 오그라들었습니다.
갈수록 바람은 요동치고 숨넘어갈 듯
촛불은 심지 끝에서 숨을 헐떡였습니다.
옴짝달싹 못하고 숨죽이고 있는 동안
산채만한 바람이 덮쳐왔습니다.
순간, 정신이 번쩍 들었습니다.
바람과 촛불 사이의 제가 보였습니다.
움츠렸던 몸을 한껏 떨치고 섰습니다.
촛불과 바람 사이에 똑바로 섰습니다.
폭죽 터지듯 촛불이 힘차게 타올랐습니다.
제 가슴도 뜨겁게 벅차올랐습니다.
촛불은 제 삶의 간절한 기도였습니다.

기도, 2010

어머니, 저를 이제에서 하제로
부르시려거든 여기,
물 한 사발 남기고 가게 해주십시오
오르내림이 분명하고
처음부터 마침까지 제 물길로 흐르는
냇물 한 바가지 남기게 해주십시오
곧은 품성으로 늘 준엄하셨던
아버지, 저를 하제로 거두시려거든
여기, 불 한 섶 남기고 가게 해주십시오
이치 분별이 확실하고
불씨에서 재까지 진퇴가 분명한
관솔불로 떠나게 해주십시오
허락하신다면 아버지,
아랫목에서 윗목까지 고루 덥혀줄
군불 한 아궁이 남기게 해주십시오
떠날 때는 물불 제대로 가리게
해주십시오 어머니, 아버지!

第12회 정훈문학상 대상 곽 우 희 시인

- 충북 옥천 출생/ 1982년 《현대문학》 등단
- 1976년 한성기 시인 시화전 개최(대전사범여자총동창회장으로서)
- 2008~2010 한성기문학상 운영위원장 역임
- 대전사범학교 본과 졸업/ 목원대학교 음악교육과 졸업(작곡)/ 고려대학교 경영대학원 졸업/ 고려대학교 경영대학원 A.M.P 과정 이수
- 충북 옥천 삼양초등학교 교사 역임
- 주식회사 동림산업 대표 역임
- 한국문협, 대전문협, 대전시협, 백지동인 회원
- 2012 첫시집 『여전히 푸르고』 발간

여전히 푸르고

절망의 순간에
풀어진 자색 고름

운명은
이 풍랑 이 물결에
진진
무명의 흰 돛을 올린다

오는 봄을 희롱하듯
산에는
잔설이 희끗 희끗하고
하늘은
여전히 푸르고

서러움의 길에도

겨울을
비집는 봄의 옹알이가
파릇파릇하다.

단비

모내기를 앞두고
갈급한 대지에
단비가 내리고 있다

감미로움
저 멜로디

송홧가루 수영하고
석이네 다랭이 논에도
제법 푸른빛 돌겠다.

나의 간이역

까칠한 음성
까슬한 바람이 몰려온다
지나쳐 버린 나의 간이역

이 아이 저 아이 지병을 호소한다

메뚜기 뛰듯 뛰고 뛰며
달려야만 하던 날의 분주함에
지나쳐 버린 간이역

행인의 발길 뜸해
물기 말라버린 수도꼭지이듯
사람 없는 빈 의자의 외로움이듯
신음하는 상처

지나쳐 버린 나의 간이역.

그때 그 말씀

태극 물결이 만세를 외치며
삼천리를 덮던 날
어머니는 말씀하셨다

"나는
해방의 깊은 뜻은 모른다
분명한 건 나도 해방이다
모시모시에서의 해방이다
내 나라 말로 전화를 할 수 있다는 거다."

언어의 억눌림에 시달리셨던 내 어머니

세계화의 물결 속에
문화의 홍수 속에
아린 그리움으로 젖어드는
그때 그 말씀.

섬

저 바다 푸르름 밟고
서 있는 저 섬들은
무엇을 기다려
저토록 서 있는 걸까

얼마나 많은 세월(歲月)
물벼락에 지쳐
저토록 굳어 있는 걸까

오고가는 파도가
등창 나도록 치고
바람은 미친 듯 살을 찢는데
어찌 저토록 묵묵한 걸까

섬,
저 섬들.

第12회 정훈문학상 작품상 홍 윤 표 시인

- 1950년 충남 당진 출생
- 당진초교, 한국방송대, 경희대행정학원 졸업
- 1990년 《문학세계》와 《시조문학》 신인상
- 계간 《시안(詩眼)》에 시발표
- 시집 『겨울나기』『학마을』『그대있는 곳에 내가…』『학마을 꽃피우기』『바람처럼 이슬처럼』『별들은 왜 밤에만 꿈…』『소금꽃』『꿈꾸는 서해대교』『삼청동까치집』『가슴으로 전하는 말』
- 시조시집 『아미산 진달래야』
- 전자시집 『사랑, 그 순간부터』 등
- 초부향토문화상, 영광의 충남인상, 충남문학대상, 한국문학탐구대상, 한국농민문학작가상, 황희문화예술상대상, 충남펜문학상, 허균문학본상 등 수상
- 한국시인(문인)협회원, 국제펜한국본부이사, 한국농민문학회원, 경희대문학회원, 충남문협부지회장, 한국문학방송자문위원, 한국문예학술 저작권회원, 한국예술가곡사랑 회원, 전)한국문협당진지부장, 현)국제펜충남회장, 당진시인협회장 및 고문으로 활동

꿈꾸는 서해대교

당진과 평택 사이 대동맥이 된
형제가 된 서해대교는 아산만에 둥지 틀었다
키는 7,310미터 품은 4차선이요
눈 높이는 182미터로 여의동 63빌딩이다
정 많은 당진IC를 송악IC를 지나 행담도에 혼을 풀어
하늘은 눈꽃 부시게 두 시선을 방황케 했다
달동네도 아닌 행담도에 동서로 연이은 두 갈래 길
가로등은 어둠의 바다를 삼키고
해풍은 어느새 실생활에 소품이 되었다
무심을 버리고 바램을 찾아 나선 당진사람들
당진과 서울은 이웃이다 희망꽃이 핀다
서울과 목표는 한 눈이다 서울을 떠나 당진에 들러
인정과 사랑을 안고 땅 끝 도착할 서해대교러면
이젠 목포도 눈물을 거둘 것이다
환희의 길이 열렸다
희망의 대교(大橋)가 놓였다
값진 민주의 자본을 실어 나를 쪽빛물결
아산만은 빛과 소금이 될지라
분에 넘치는 도계분재으로 알력이는 바다
그 다툼을 어히 승부를 걸까
바다여, 나의 바다여 꿈꾸는 서해대교여.

어머니 생각

먼 바다를 이고 오시는
어머니를 뵐 때마다 나는 오월이 그리웠다
나이 드실수록 더 깊어지는 수심(水深)이지만
마음 뒤편에 쌓인 수심(愁心)이 표류해
난 오월이 더 그리웠다

인정을 몰고 온 그늘을
하늘 높이 뿌리신다면
어머니 가슴은 얼마나 가벼우실까

오월이 오면
마음 문 열어 보답하리라
속마음을 변신하면서도
닫힌 장벽을 헐지 못하는 아들의 마음은
고인 눈물 넓은 바다에 뿌려도
얼음처럼 시원치 않다

비 오는 사월의 마지막 밤
어머니가 보내신 전보 속에 일생 사무친
통곡의 노래는 초록 잎사귀 피어도
버거운 치마저고리에서 둥둥
별빛 되어 반짝이고 있으리.

위대한 외출

하늘이 바다가 푸르러서가
하늘이 아니고 바다가 아니다
바로 그릇대로의 삶을 살아가기 때문이다
나무를 심어 숲을 이룬다는 것은
시간과 계절이 조화되고
물과 맑은 공기가 조화로워
가치 있는 숲을 이루어 가는 것이다
사람들은 누구나 위대한 외출을 위하여
살아가려고 갈등의 밭을 가는 것이다
그러나 위대한 외출은
아무에게나 주어지리라 생각하진 않는다
비바람 홍수 그리고 태풍에 시달리며 이겨내고
냉랭한 겨울을 나고 함박눈을 내리며 산다
저기 흐르는 금강을 보라
강물은 바다를 차지하는 그 아름다움에
이르기 위해 말없이 흐른다
나는 관가를 떠나 위대한 외출을 위하여
침묵에서 깨어나 문을 열고 있다
나는 모든 새벽을 사랑하여 문을 두드린다
그리고 매서운 겨울을 사랑했다
이 세상 모두가 위대한 외출을 위하여
태어나기 때문이다
나는 이제 무거운 짐을 내려놓았다
유유히 강물 흐르는 아침의 대교를 걸으리라

아미산에 올라

백두대간의 어린줄기로 자란 아미산
아무래도 삼봉이 자랑이란다
초봄이면 진달래꽃 태극을 열고
인간들이여 일어나라 호령하시네

발밑에 엉그는 몽산이 기지개를 펴면
다불산도 덜달아 이배산도 덩달아 기지개 켜네
아미산은 영산이라 이름이 붙고
진달래꽃 고향이라
두견주(杜鵑酒)을 빚었네

카랑한 영랑이 목소리
아직도 들려오는 듯 복지겸의 호령소리
면천성에 쌓이는데
아직도 옛 성은 진실을 전하지 못하네

동문을 열고 남문을 열고
술 익는 마을마다 펼치는 농가월령가
에헤라 더덩실 아침은 밝아오누나
바다 없는 산마을에 펼치는 돛단배 향연
오늘도 복지겸장군의 말굽소리
몽산을 오르네

생명의 쌀, 해나루*

버릴 것 없이 다 거두어 드려라
하늘과 땅이 교차하며 만든 생명의 이삭들
다 거두어 드려라
주식인 쌀은 나라의 생명이요 식솔의 젖줄이여
먼먼 추억의 바둑판 위에서
조상의 지혜를 갈고닦은 생명의 쌀, 해나루
그 이름 자랑스러워라
벌수지 뜰에 명품 쌀로 옥패를 달고
태어난 당진의 보무라지 寶物
당신은 해나루를 아시나요 아시나요
먼동 트는 신 새벽 갯바람과 옥토의 부름에
태평양 인도양 건너 유럽 인도 미국까지
이름을 떨친 나의 분신 해나루
찬란한 새 농촌의 숨결 참으로 장하도다
생명의 쌀, 당진의 해나루여

* 해나루는 당진군이 사용하는 브랜드 이름임

◈ 정훈 선생 시집 연구

◈ 정훈 선생 연보

1시집 『머들령』 절망적 향수(鄕愁)와 지사적 열망(熱望)

문학평론가 리 헌 석
(사) 문학사랑협의회 이사장

1. 『머들령』의 서지적 개관

1.1 정훈 선생의 첫 시집 『머들령』은 1949년 계림사에서 발간하였다. 총162쪽이다.

1.2 서문이라고 표기되어 있지 않지만, 서문의 성격을 띤 3행의 글이 시집의 성격을 규정하고 있다.

1.3 작품의 목차는 부의 제목을 특정하지 않고, 정수 1~5로 부를 나누었다. 1부는 성지(城址), 회향(懷鄕), 달팽이, 아리랑 민(民), 슬픈 풍토(風土), 산정(山頂), 사가(思家), 백조장(白鳥葬), 슬픈 풍경(風景), 귀향도중(歸鄕途中), 허망(虛妄), 성황수(城隍樹), 슬픈 유물(遺物) 등 13편으로 짜여졌다. 2부는 고적음(孤寂吟), 가느른 여정(旅程), 벽오동부(碧梧桐賦), 사백조(捨白鳥), 야우가(夜雨街), 가신 님, 첩첩 산(山)으로, 사모(思母), 추혼여정(秋昏旅情), 복조리, 무너진 꿈 등 11편이다. 3부는 길, 추혼이제(秋昏二題, 2편), 유억(幼憶), 머들령, 가을달, 행화촌(杏花村), 사랑이와 씀바귀, 등(燈)불, 별후(別後),

사조음(四鳥吟 ; 뻐꾸기, 꾀꼬리, 山비둘기, 冬鷗 등 4편), 가을, 고적이제(孤寂二題 ; 2편), 양(羊)과 은이(銀伊), 임종야(臨終夜), 조그만 입, 노을 등 21편이다. 4부는 낙조(落照), 삽화(揷畵 ; 尊敬하는 이에게 드리는 글), 이스라엘 사람, 하늘은 높고, 나는 가리, 기원(祈願 ; 信愛하는 學生들에게) 등 6편이다. 5부는 청년송(靑年頌), 역두신음(驛頭呻吟), 안된다, 슬픈 짐승, 새 출발(出發 ; 某 新聞社 새 出發의 날에 주는 글), 서울로 등 6편이다.

1.4 이 시집의 말미에는 지헌영(池憲英)이 쓴 '발(跋)'이 있다.

2. 서문과 발문 읽기

2.1 서문 전문

> 슬픈 족속(族屬)이면 슬픈 노래를 지녔다.
> 슬픈 노래만이 오히려 진실한 벗이었기
> 때문에….
>
> — 천비산록(天庇山麓)에서 저자(著者)

2.2 '발(跋)' 전문

素汀 丁薰 兄의 시집을 「冬柏」 동인들의 强勸으로 上梓하게 되었다는 소식을 들은 지 반년만인 새해 벽두에 시집 「머들령」의 卷頭에 써야겠다는 素汀 형의 所託을 받게 되었다. 그리하여 序文을 쓸 適任이 아니라 하여 이 跋文으로써 대신하게 된 것이다. 아마도 素汀 형과는 同鄕의 竹馬之友로 자라온 因緣으로하여 素汀도 나에게 미루는 것일 것이고 나도 素汀이 걸어온 길을 남달리 알고 있음으로써 이 跋文을 써야만 하게 되는 것이다.

돌이켜 생각하건대 素汀 형이 「머들령」을 넘어 公州 '한밭'에 자리

잡기란 己未年 前後의 일이었다. 일찍이 어버이를 여의고 慈母의 膝下에 외아들로 자라나는 紅顔의 薰이를 보았었고, 亡國民의 가슴에 어린 슬픔에서 服巾으로 一生을 보내시고 倭政에 無言의 反抗을 하시던 그 祖父이신 故 山南 先生의 謹嚴하신 薰陶下에 자라던 薰을 발견할 수 있었던 것이었다.

그렇다. 民族의 怨恨에서 오는 울음을 지닌 家風이 陶冶한 어린 詩魂은 倭人橫行下에 大田의 거리에서 民族으로 굳건하여졌던 것이니 어린 가슴에 울음이 맺은 슬픔은 間或 慈母의 가슴으로 돌아가는 일이 있을 따름이었다.

마침내 한밭에 묻힌 「한 알의 밀」이 徽文義塾 薰薰한 風土에서 어버이를 부르짖고 民族을 찾는 鄕愁에 자지러지는 제2의 天性으로 자라났음은 당연한 歸結이라 할까.

생각건댄 鄕愁란 現實不滿의 內面的인 외침인 것이다. 現實不滿은 創造의 震源이며 改革革命의 꼬투리요 理想을 實踐하는 動力이다. 鄕愁가 純潔한 時節로 回歸하기도 하고 豫言의 世界를 徘徊하기도 하는 것은 이에 起因하는 것이 아닐까. 그리하여 詩의 感情移入의 길을 통하여 敍情詩로 終結되는 傾向도 現實에 滿足치 못하는 詩精神에 緣由하는 것이 아닐런가 한다.

素汀의 詩가 슬픔과 시름에 자욱한 不滿의 記錄으로 結果했음은 詩라는 藝術의 장르가 規定한 바이기도 하려니와 素汀이 걸어온 時代와 素汀의 世界像이 자아낸 것이니 素汀의 世代에 살던 民族의 시름을 代辯하고 있는 것이 아닌가 한다. 물론 素汀의 生活도 때에 따라서는 여러 가지 曲折을 겪었다고 할지라도 「머들령」 幼憶 등의 詩가 보이는 現實不滿의 詩精神이 그 외의 여러 詩의 內面에 一貫하고 있는 것은 一見하여 할 것이 아닌가.

하여간 素汀의 世代가 살아온 20세기는 우리 民族의 關心이 政治世界로 흘렀던 時期였음으로 素汀도 이 方面으로 옮아갔었던 때도 있었고 또 政治에 關聯된 詩를 읊어 하소연하였던 것이니 그것을 어디까지나 人情으로 아로새겨 仰愁로 反芻해놓은 素汀의 才華은 높이 평가할 수 있는 것인가 한다.

다음으로 素汀의 詩가 素朴한 가운데에 굳건한 뼈를 지니고 있다는 것을 말하여야겠다. 우리 新詩運動이 싹튼 지 40년에 內容에의 志向에서 形式을 가지지 않으랴 한 때도 있었고 또 纖細한 美句表現을 일삼기도 하였으며 民謠의 멋을 살려도 보았으며 海外文學의 風味를 輸入하기도 하여 多彩로운 꽃동산을 쌓아 놓았지만 素汀의 詩가 보이는 것과 같은 거친 듯한 가느다란 風格도 그 사람과 性格이 그대로 풍기는 一趣라 할 것이다. 짐짓 생각하오니 素汀의 詩가 新奇를 꾸미지 아니하며 法楚한 맛을 풍기는 것은 그의 請員했고 謹嚴했던 家風이 내려준 것이 아니었던가.

이제 己丑 春正을 맞이하여 「머들령」의 鄕愁를 깊은 齒底로부터 끌어내어 우리 民族文學의 寶塔에 올리게 한 「冬柏」 동인들이 藝術愛의 精神에 머리 숙일 사람은 하나로만 그칠 수는 없을지니 일찍이 素汀 형을 사무치게 안 因緣으로 말미암아 이 「머들령」의 끝장을 후리게 한 허물은 글 쓴 사람에게 있음은 勿論이다.

감히 「머들령」이 上梓됨으로써 民族文學建設에 새로운 風味가 加味될 것을 즐기며 끝으로 素汀에게 묻고자 한다. [우리 詩人은 슬프지 않을 수 있었던가. 또 시름하지 않고 어찌하겠는가!][1)]

己丑 新正 別秀園에서 池憲英

---

1)한자는 본문에 있는 대로 표기하였으나 일부는 한글로 표기하기도 하였다. 한글은 맞춤법에 맞게 고쳐 쓰거나 띄어쓰기에 맞춘 부분도 있다. 일부는 의미 전달에 맞게 조사와 어미를 정리하기도 하였다.

3. 『머들령』의 작품 감상

소정 정훈 선생은 망국의 한을 가슴에 새긴 시인이다. 조선이 망하던 해에 잉태되어, 1년 후에 태어나서 온 가족이 함께 피난처를 찾아 깊은 산으로 들어가 유년시절을 보낸다. 휘문의숙에서 수학하다가 일본으로 유학을 떠나지만, 오래지 않아 귀국할 정도로 일본생활도 유쾌하지는 못 하였던 것 같다.

선생이 작품을 빚던 당시의 민족적 상황은 특정한 개인을 제외하고는 대부분 처참한 생활이었을 것이다. 그러기에 시인을 비롯한 지식인들은 절망적 슬픔을 토할 수밖에 없었을 것이고, 그 바탕에서 작품도 창작되었을 것이다. 선생의 회고에서도 슬프고 아플 수밖에 없는 일제의 만행을 분명하게 기록하고 있다.

선생은 「내 生涯와 山村」에서 이렇게 밝힌다. 〈내가 30세 전후해서 天庇山麓에서 4~5년 살아오는 동안은 日帝가 戰時體制를 빙자하여 人力供出 農産物 供出할 것 없이 가위 農村은 廢墟에 가까웠다. 그들의 虐政은 이루 말할 수가 없었다. 비료 쓰는 콩깨묵을 먹고 베, 콩, 보리, 밀, 할 것 없이 공출해야 했고, 人力 動員으로 어린 처녀까지 정신대로 끌려갔다. 松炭油를 짜기에 소나무는 말라붙고, 百姓들은 가위 산송장처럼 영양부족으로 쓰러질 지경에다. 8년 동안 凶年으로 우리는 비참한 생명을 營爲할 수밖에 없었다. 생각만 해도 소름끼치는 나날이었다.〉

선생이 천비산(天庇山) 기슭으로 들어가 은둔의 세월을 보내던 때의 우리 민족은 일본의 공출로 먹을 것이 없었고, 처녀들은 정신대로 끌려가고, 청년들은 강제 징집되어 남국의 전장으로 끌려가는 비참한 처지였다. 세상의 환난을 피하기 위하여 찾은 천비산은 현재 대전광역시 중구 정생동에 위치하고 있다. 지금은 그 산 주변에 대전광역시 남부순환 고속도로가 지나고 있지만, 선생이 은거하던 시기에는 깊은 산일 뿐이었다. 지금도 대전 사람들 대부분이 모르고 있을 정도로 한적한 곳이고, 등산객이 찾거나 종암사 부도탑과 백자 가마터가 세월을 안고 있을 뿐이다.

이 천비산에서 남쪽으로 내려가면 안영리가 나오고, 그 길을 따라서 대둔산을 갈 수 있는데, 곧장 가면 전라북도 전주로 이어지고, 대둔산 가기 전에 왼쪽으로 들어서면 충남 금산군으로 가는 길이 나온다. 이 산에서 동북쪽으로 가면, '산내'를 거쳐 옥천과 금산으로 가는 길이 나온다. 그리고 이 산에서 동쪽으로 방향을 잡으면 험준한 산등성이가 나오는데, 그 곳이 선생의 첫 번째 작품 「머들령」의 산실이다. 조선시대에는 그 고갯길로 원님도 지나다녔을 것이고, 등짐장수도 넘어 다녔을 것이다. 깊은 산 고개에서는 산적(도적)도 행인을 위협하였을 것이다. 선생은 '할아버지' 손을 잡고 그 고개를 넘어다녔다.

요강원을 지나
머들령

옛날 이 길로 원님이 나리고
등짐장수 쉬이 넘고
도적이 목 지키던 곳

분홍 두루마기에 남빛 돌띠 두르고
할아버지와 이 재를 넘었다
뻐꾸기 자꾸 울던 날

검정 개명화에

발이 부르트고
파랑 갑사 댕기
손에 감고 울었더니

흘러간 서른 해
六月 하늘에 슬픔이 어린다

—「머들령」 전문

선생은 「내 生涯와 山村」에서 천비산에 두 번째 들어왔음을 밝힌다. 〈大屯山이 멀리 보이는 論山 땅 인내(楊村)에서 태어났고, 세 살 때 茂朱 德裕山麓에 있는 금평(琴坪)이라는 마을로 이사를 했다. 이 곳은 避難處라고 全國 各處에서 모여들어 部落을 形成한 新生 마을이다. 우리는 그런 바람을 타고 간 家族의 하나였다. 琴坪里(元弓垈里)에서 4~5년 살다가 父親喪을 당하자 祖父가 계시는 大田으로 移舍할 수밖에 없었다. 大田에서 오늘에 이르도록 60여 년을 살았다. 倭政 末期에 내 나이 30세 전후하여 약 4년 동안 天庇山 先塋 山下로 疏開를 했다. 그 곳에서 8.15 民族解放을 맞이했다. 그해 9월에 大田 집으로 와서 오늘에 이르렀다.〉

선생은 논산 땅 인내에서 3살이 된다. 그리고 4살부터 8~9세가 될 때까지 조부가 계시는 곳으로 가서 산다. 다시 왜정 말기에 약 4년 동안 천비산 선영으로 들어가 피난한다. 이런 바탕에서 〈분홍 두루마기에 남빛 돌띠 두르고/ 할아버지와 이 재를 넘었다〉는 상황이 뚜렷해진다. 30대에 들어올 때에는 서울의 휘문의숙과 일본의 대학에서 수학을 하기도 하면서 민족의 애환을 경험하였을 터이고, 그 과정에서 구명(救命)을 위해 천비산에 들어오면서 〈흘러간 서른 해/ 六月 하늘에 슬픔이 어린다〉고 노래한 선생의 내면을 유추하게 된다.

천비산에는 중암사가 있고, 그 왼쪽 산허리에는 고승의 부도가 있으며, 100미터 위에는 상암사터가 있다. 중암사에서 천비상 정상으로 오르는 길에 '의병승장 영규대사 순의비'를 만나게 된다. 천비산 기슭의 '순의비'를 만나면 선생의 작품 「성지(城址)」가 떠오른다. 의병과 승병들이 일본 군경과 싸우면서 피를 흘린 곳이기 때문이다.

쑥쓰릿잎 설레는 山頂
城돌은 靑史의 破片처럼 무겁다

옛님이 흘린 땀의 흔적
옛님이 흘린 피의 자국
情 들일 한쪽 땅이 없던 날
사—철 찾아오는 나의 시온山아

발길의 무거움이 있다
나는 죄가 될가보다

—「城址」 전문

이 작품은 2시집에서 다음과 같이 개작된다. 제목도 「山頂」으로 개제(改題)되고, 작품도 〈쑥소릿잎 설레는/ 山頂/ 구름이 피고// 城돌이 무겁다/ 靑史의 쪼각이 무겁다// 피와 땀의 아픈 흔적/ 나는 죄가 될까부다〉와 같이 변형된다. 〈옛님이 흘린 땀의 흔적〉 〈옛님이 흘린 피의 자국〉은 〈피와 땀의 아픈 흔적〉으로 간결하게 정리되는데, 의병과 승병이 산화한 산록의 이미지와 일치한다. 또한 〈정 들일 한쪽 땅이 없던 날〉은 일제시대의 국토 침탈에 다름 아닐 것이며, 특히 '시온산'은 이스라엘 민족에게 꿈과 희망의 산이라는 것을 전제한다면, 선생에게 소망의 산은 바로 '천비산'이었을 것이다. 그렇지만 역사의 현장에서 용기있게 맞서 싸우지 못하고, 그 산으로 도피한 자신이 부끄럽기 때문에 스스로 '죄인'으로 치부한다. 그 당시 어쩔 수 없는 상황이지만, 스스로 죄를 묻는 것도 양심과 용기의 표출이라 하겠다.

이 작품은 다섯 번째 시조시집 『꽃 詩帖』에서는 시조로 변형되기도 한다. 구별 배행의 단시조인데, 〈쏙소릿 잎 설레는/ 山 마루 구름 일고// 피와 땀에 젖어/ 城돌이 무거웁다// 그 情誠 내 잊었으니/ 아마 죄가 될까버〉로 나타난다. 이렇게 두 번이나 변형을 가하면서도 변하지 않는 것이 있으니, 그것은 〈성돌이 무겁다〉이다. 이 '성돌'은 우리의 유구한 역사를 상징하는 것으로 보인다. 수없는 외침 속에서도 굳건하게 지켜낸 우리 민족의 강인함을 담은 듯하다. 그 바탕에서 이에 부응하지 못한 자신의 '죄'를 부각시키는 것 같다.

이 작품은 다시 환골탈태의 과정을 거친다. 9시집이라 할 수 있는 유고시집의 원고에서 펜으로 새로 쓴 작품은 〈가랑잎/ 설레는 山頂/ 구름 날고// 흩어진/ 城돌의/ 조각들// 선인들의/ 피와/ 땀이 젖어/ 한끝 정이 간다〉고 정리하고, 제목을 다시 「성지(城址」로 환원(還元)하는데, '성돌이 무겁다'와 '죄'가 빠져 있다. 이는 우리나라가 일본으로부터 해방되어 자주국가가 되었다는 점, 그리고 선생이 고희(古稀)를 넘기면서 세상의 복잡다단한 사물에서 벗어났음을 보여주는 것이다.

그러나 이 1시집에 수록되어 있는 「山頂」은 주제와 제재 면에서 완연하게 다른 작품이다. 〈天庇山에 우뚝 선 電線柱 하나/ 키가 커서 서러운 電線柱 하나// 멧도야지 등을 부비며 지나가고/ 靑노루의 푸른 꿈이 서리고// 나무꾼의 애절한 산 타령이 울리고/ 港口를 그리는 順伊의 한숨이 얽히니라/ 귀먹어 불쌍한 이 땅/ 어느 때나 깨일 잠꼬대이냐〉인데, 이 작품은 「城址」와 판이하게 다른 작품이다. 그렇지만, 이 작품에서 선생은 신문명의 소산인 '전선주'를 통하여 소통 과

정의 새로움을 노래한다. 그 가운데 〈귀 먹어 불쌍한 이 땅〉에서 〈청노루의 푸른 꿈〉을 기대하는 선각자로서의 면모 또한 확실하게 각인시킨다.

西山에 개밥별 비치면
개구리 울음 한층 더 장하다

燈불
아몰아몰
孤寂을 아귀색이는 저녁

따스—함이여
그리운 故鄕의 追憶이다

— 「燈불」 전문

선생은 어린 시절에 살던 고향의 추억을 작품으로 빚어낸다. 선생은 그 시절을 그리워하면서 다음과 같이 밝힌다. 〈어젼 일일까, 少年時節 德裕山麓에서 살던 시절을 잊을 수가 없다. 感受性이 빠르고 事理를 分別하기 어려운 때라, 천진난만하게 自然 속에서 뛰어놀고 마냥 즐겁기만 한 時節이었다. 一生을 通해서 가장 幸福한 시절일지도 모른다.〉 그러나 자연이나 시골의 풍광을 그려낸 작품이 모두 덕유산 기슭만은 아닐 것이다. 천비산 기슭에서도 거의 동질적인 상황이었을 것이다.

이 작품은 유고시집 원고에서는 변형이 가해진다. 〈개밥별/ 西山에 빛나면/ 개구리 울음도/ 장하다.// 등불/ 별 돋듯/ 하나/ 하나/ 켜져 가는 황혼// 따뜻한 맘이/ 그리던/ 고향만 같다.〉고 개작한다. '개밥별'은 '개밥바라기'라고도 한다. 초저녁에 서쪽하늘에서 빛나는 '금성'을 말하는데, 해가 지기 전에 보이기 때문에 개에게 밥을 주라고 나온 별이라는 전설이 있다. 개밥별이 서산에 빛나는 때는 '저녁'의 비유적 표현이고, 그때쯤에는 개구리들이 시끄럽게 울어댄다. 점점 어두워지면 집집마다 등불이 걸린다. 밤 하늘에 별이 하나씩 나타나듯이 집집마다 기둥이나 문설주에 등불이 하나씩 내걸리면, 사람이 사는 마을이 되어 '따뜻한 마음' 또한 생성되게 마련이다.

이와 같이 따뜻한 마음이 생성되는 고향이지만, 그 곳에서 사는 사람들은 애환이 있게 마련이다. 그 중에서 상반된 정서를 지닌 남녀의 사랑에 대해서도 시로 빚는다. 동일한 제재지만, 사물의 명칭에 따른 정서의 반영이 빛나는 작품이다.

매파가 다녀간 다음날

풀피리 부는 봄뜰에서
順禮는 사랭이를 캤다

素朴한 가슴이
철쭉처럼 붉었다

그 다음 매파가 다녀가던 날

종다리 우는 봄뜰에서
順禮는 씀바귀를 캤다

은밀히 애타는 양아
바구니를 껴안고 껴안고 울었다

―「사랭이와 씀바귀」 전문

'사랭이'는 씀바귀의 다른 이름이다. '사랭이'는 비슷한 발음의 '사랑이'와 같으므로 설레고 아름다운 정서를 내포하고, '씀바귀'는 쓴 나물이기 때문에 괴롭고 슬픈 정서를 반영한다. 선생도 이러한 이미지를 활용하여 중매가 성공할 것 같은 상황과 중매가 깨진 상황을 '사랭이'와 '씀바귀'로 비유하고 있다. 처음 매파가 다녀간 날에는 결혼을 할 수 있으리라는 기대로 '풀피리 부는 봄뜰'에서 사랭이를 캐면서 순진한 가슴에 철쭉처럼 붉은 사랑을 가꾼다. 그러나 그 중매가 어그러졌음을 알리기 위하여 매파가 다녀간 날에는 '종다리 우는 봄뜰'에서 씀바귀를 캐면서 울었다는 것이다.

이 작품은 5시집 『꽃 詩帖』에는 2수의 시조로 변형된다. 첫수는 〈처음/ 중신 에미가/ 順이네 집/ 다녀간 날// 설레는/ 마음을/ 어쩌지 못했다// 봄 뜰로/ 뛰어나가서/ 사랭이를 캤니라〉로 원시(原詩)의 전반부에 해당한다. 둘째 수는 〈그 다음/ 중신 에미가/ 다녀가던 날에는// 素朴한/ 가슴이/ 메어지게 아팠다// 봄 뜰로/ 뛰어나가서/ 씀바귀를 캤니라〉로 수정하였는데, 원시(原詩)의 후반부에 해당한다. 시조의 율격을 지키기 위해서 〈풀피리 부는〉 〈종다리 우는〉 〈바구니를 껴안고〉 등을 생략하고, 일부는 서술을 통하여 자연스럽게 풀어낸다.

이 작품은 유고시집에도 '시'와 '시조' 형태가 같은 제목으로 수록되었다. 시조 「사랑이와 씀바귀」에서는 '중신 에미'가 '박물 장수'로, '설레는 마음'이 '설레는 가슴'으로, '메어지게 아팠다'는 '터지게 아팠다'로 변환되었을 뿐 주제나 제재는 동일하다. 시는 제목을 '사랭이와 씀바귀'로 하였는데, 구성과 내용도 대폭 바꾸었다. 〈매파가/ 다녀간 날/ 순이는 봄들로 나가/ 사랭이를 캤니라.// 며칠 후/ 매파가 다녀간 날은/ 봄들에서/ 씀바귀를 캤니라.// 혼자서 애타는 양을/ 뉘가 알랴// 옥녀봉 기슭에서/ 순이는 나물 바구니를/ 껴안고 울었다.〉라고 4연으로 구성하였다. 그 중에서 1연과 2연은 시집 『머들령』에 있는 작품을 요약한 것이고, 3연과 새롭게 추가한 것이고, 4연은 '옥녀봉 기슭'을 추가하면서 부분적으로 변형시킨 것이다. 이렇듯이 정훈 선생은 같은 작품을 발표할 때마다 새롭게 수정하는 것을 확인할 수 있다. 이는 가장 좋은 작품을 빚고자 하는 심모원려(深謀遠慮)로 보인다.

선생의 작품은 한번 시집에 수록됨으로써 완결이 되는 것이 아니다. 동인지나 잡지에 발표할 때 다시 새롭게 가필을 하고, 이를 다시 시집이나 시조집에 수록할 때도 수정의 과정을 거친다. 사랑을 제재로 한 작품 「길」도 마찬가지다.

洞口 밖 가는 길은
浦口로 떠나는 길

간단 말도 못하고
도련님 가시던 길

물동이 옆에 끼고
하염없이 거니는 길

—「길」 전문

이 작품은 시조 형식과 동일한 형태를 지니고 있다. 3시집 『碧梧桐』에 수록할 때에는 시조로 수정되었는데, 종장의 첫 구(句) 둘째 음보(音步)를 5자로 늘여서 완벽한 시조 형태를 갖춘다. 〈洞口밖 가는 길은/ 浦口가는 길이라네// 가단 말도 없이/ 님 가신 길이라네// 행여나 님 오실까봐/ 보고 보는 길이라네〉로 수정되어 있고, 8시집에서는 이를 그대로 원용하고 있다. 다만 오식(誤植)으로 보이는 '가단 말도 없이'를 원시(原詩)와 같이 '간단 말도 없이'로 수정하였을 뿐이다.

그렇지만 6시집 『散調』에서는 구별(區別) 배행(配行)의 시조에서 첫 구(句)를 둘로 나누고 있다. 이는 옛시조의 장별(章別) 배행(配行)에서 구별(區別) 배행(配行)으로 넘어가고, 다시 구를 둘로 나누어 표현하려는 시대적 흐름에 보조를 맞춘 것이다. 일반적으로는 구별 배행을 하되, 종장의 첫 구를 둘로 나누는 형태를 다용(多用)하고 있다. 〈洞口 밖/ 가는 길은/ 浦口로 떠나는 길.// 목 메어/ 말도 못고/ 임이 떠나신 길.// 행여나/ 오시나 하여/ 눈이 가는 모랫 길.〉로 배치하여 자유시의 형식을 가미한다. 6시집에서 가장 뚜렷한 특징에는 맞춤법에 의한 구두점이 정확하게 표기되었다는 점이다. 이 시집보다 앞선 시집에서는 마침표 등이 철저하게 생략되어 있는데, 이 또한 시를 지을 때, 정서의 끊어짐을 방지하기 위하여 표기하지 않는 흐름이었다. 이러한 작품 표기 양상은 현재도 많은 시인들이 답습하고 있다.

그러나 6시집의 '길' 에서는 '행여나 오실지 몰라 기다리는 임'이 등장한다. 원시(原詩)에서는 도련님이 떠나서 물동이를 옆에 끼고 하염없이 걷는 절망의 길이었다. 그렇지만 6시집에서는 앞으로 찾아오실 님을 기다리는 간절한 소망이 들어 있다.

때로는 슬프다가도
한 가지 바람이 있기에
恒常 나는 幸福한 웃음을 지닌다
젊은 靑年들의 튼튼한 體力
똑 바른 눈동자
山嶽처럼 드러난 가슴
얼마나 믿음직한 것이냐

來日의 主人이여
이 터전에 그대들이 씩씩하게 커나는 限
이 나라는 永遠히 싱싱하리

그대들이 病들면
來日의 朝鮮이 또 病들고
이 나라 旺盛하는 날 온 世界가 健全하리니

우리 겨레의 生存을 위해서
온 누리의 幸福을 위해서
그대들은 人類의 太陽이 되리라

— 「青年頌」 전문

이 작품을 이해하기 위해서는 1949년에 발간한 호서민중대학 학보 『湖西學報』에 수록되어 있는 정훈 학장의 「祈願」(학생들에게)이라는 '축시'를 참고할 필요가 있다. 152쪽으로 된 이 교지(校誌)는 첫 시집 『머들령』을 상재한 그 해에 뒤를 이어 발간되어, 선생의 사상과 지향이 분명하게 드러나 있다. 〈님이 病드신 날 겨레의 아픔이/ 마디마디 맺혔다〉 〈왜 헤지는 것이냐/ 왜 千萬 갈래로 찢기는 것이냐/ 祖國은 하나다/ 祖國은 단 하나다〉 〈새로워라/ 義로워라/ 태풍에도 쓰러지지 말고/ 모진 虐待에도 혀를 깨물며 살라〉 〈그대들의 節介 秋霜 같아라/ 그대들의 自尊은 泰山 같아라/ 그대들의 精神은 太陽 같이 빛나라〉 등에서 「青年頌」의 구조와 동질적이라는 것을 쉽게 확인할 수 있다.

민병성 교수는 「學長 丁薰 先生을 論함」에서 청년에 대한 정훈 선생의 깊은 사랑을 밝히고 적시하고 있다. 〈나는 시인으로서의 정훈씨보다 인간적인 정훈씨를 사랑하고, 인간적인 정훈씨보다 성인교육가의 정훈씨를 존경하여 마지않는 바이다.〉 〈'날 뛰는 것이 愛國이 아니라, 무겁게 實踐力行하라' 이 말이 정훈씨가 청년 학도들에게 주는 일상 훈화이다.〉

이와 같은 선생의 내면은 시 「驛頭呻吟」에서도 드러난다. 암담한 현실을 여러 제재들로 열거한 뒤 〈時時刻刻으로 좀먹는 이 거리/ 毒菌이 蠶食하여 가는 이 땅/ 높아만 가는 痛聲이여/ 기어코 기어코 살아야만〉 하겠다는 의지를 불태운다. 그리하여 그 다음에 〈메시아 메시아/ 正義의 날카로운 메스를 들고/ 지성스러운 얼굴로 彗星처럼〉 나타나기를 간절히 소망한다. 그리하여 시집 『머들령』에 수록되어 있는 일련의 작품들, 예컨대 「슬픈 風土」「슬픈 風景」「슬픈 遺物」「슬픈 즘생」 등에 의하여 「무너진 꿈」을 되살리려는 열망(熱望)을 만나게 된다. 선생은 「아스라엘사람」처럼 〈슬픈 무리여 눈물을 거두고/ 저마다 正義의 칼을 빼라// 기어코 기어코 님은 回生해야 한다/ 病든 님의 가슴을 헤쳐 瘡面을 저며내거라〉라고 강력하게 호소하며, 조국의 구원(救援)과 회생(回生)을 간절하게 소망한 분이다.

■ 素汀 丁薰 선생 연보 ■

* 1911년 3월 16일 충청남도 논산시 양촌면 인내리에서 부친 丁永昌과 모친 宋貞會의 장남으로 출생하다. 주민등록번호는 110316-0000000이다. 선생의 생년월일은 출생 신고를 할 때 1910년으로 하여 호적등본에 기재되어 있었으나, 1928년 3월 28일 공주지방법원 대전지원에 의해 1911년으로 바로잡다.

— 선생의 출생지가 호적등본에는 전라북도 무주군 안성면 금평리 1914로 되어 있으나, 이것은 공부상의 기록이고, 선생이 쓴 산문과 가족의 증언에 의하면 충청남도 논산시 양촌면 인내리로 확인되다.

— 선생의 본명은 丁甲秀였으나 1952년 7월 18일 대전지방법원의 허가에 의하여 丁薰으로 개명하다.

— 1994년에 건립한 '시비'에는 〈1911년 3월 16일 대전직할시 중구 은행동에서 태어나 대전 삼성보통학교와 휘문고보를 졸업하고 일본 메이지대에서 수학하였다.〉고 기록되어 있으나, 이는 바로잡아야 할 일이다.

* 1930년 8월 22일 성신순 여사와 결혼하다.

* 1934년 10월 22일 성신순 여사와 합의 이혼하다.

* 1936년 9월 19일 한복순 여사와 결혼하다. 한 여사는 1985년 6월 13일 대전시 중구 대흥동 50-1번지에서 사망하다. 정훈 선생과 사이에 병우, 병완, 숙, 병선, 효진, 병호 등의 자녀를 두다.

* 1937년 11월 동인지 〈子午線〉에 작품 「六月空」을 발표하다. 〈자오선〉 창간호에는 오장환, 이육사, 신석초, 박재륜, 서정주, 윤곤강 등의 작품이 함께 수록되다. 선생이 발표한 첫 작품인 「六月空」은 1949년에 발간한 첫시집 『머들령』에 「머들령」으로 개제(改題)되어 수록하였다고 술회하고 있으나, 작품의 제재나 흐름은 완연하게 다르다.

* 1937년 장남 정병우 출생하다. 1958년 최영희와 결혼, 1963년 이혼하다. 1974년 이소란과 결혼하다. 장남 정병우는 동아일보 신춘문예에 등단하여 '정신'이란 필명으로 시와 문학평론을 집필하며 문학활동을 하다. 2001년 사망하다. 2002년에 사망한 것으로 몇몇 기록에 나와 있으나, 가족의 확인에 의하여 바로잡다.

* 1940년 일본 메이지(明治)대학 문과로 유학가다. 정훈 선생은 충남 논산시 연산면 인성보통학교에서 5학년까지 마치고, 대전삼성초등학교 3학년으로 전학하여 동교를 졸업하다. 휘문고보에서 수학하던 중, 일본으로 유학한 것으로 본인이 기록하고 있으나 정확한 연도는 확인하지 못하다. 특히 일본으로 유학을 간 연도는 1940년으로 확인되고 있지만, 귀국 연도와 중퇴 및 졸업 등 정확한 기록에 대해서는 남아 있는 기록이 없어 가족도 확인하지 못하고 있다.(삼남 정병선 인터뷰)

* 1943년 차남 정병완 출생하다. 본래의 이름은 '茂'였는데, 1947년 炳玩으로 개명, 1948년 사망하다.

* 1945년 9월 5일 '계룡의숙' 설립하다. 계룡의숙은 '대전학원' '계룡학숙' '대전계룡공민학교' '계룡학관' '호서중고교'를 거쳐 후일 '호서민중대학'으로 발전하다.

* 1946년 잡지 『향토』를 창간하고, 이 잡지에 「부엉이」를 발표하다. 충청지방 최초의 잡지 『향토』 창간호에는 정훈, 임영선, 송석홍, 원영한 등이 참여하였으며, 후일 〈향토시가회〉를 창립하여 활동하다.

* 1946년 문학지 〈동백〉을 창간하고, 「서당」을 발표하다. 〈동백〉 창간호가 나오기 전에 정훈, 박희선, 박용래 등은 '동백시회'를 창립하여 문학활동을 하다가, 문학지 〈동백〉을 창간하였고, 1947년 8집으로 종간하다.

* 1948년 호서민중대학을 설립하고 학장에 취임하다. 호서민중대학은 대전지역 최초의 사립대학이다. 창립 1주년을 기념해 발간된 『호서학보』 교지 창간호를 참고하면, 池憲英 宋甲憲 金瑩洙 權容斗 金潤台 등의 교수 명단이 나온다. 이 대학의 3가지 〈주장〉에는 민족정신이 강하게 드러난다. ① 성인교육은 즉 청년운동 즉 애국운동 즉

구국운동이다. ② 성인교육은 조국재건의 운명적인 과업이다. ③ 성인교육 지도자는 천재적인 독창적인 열정적인 애국투사라야 한다. 등이다.

* 1948년 장녀 정숙 출생하다. 1983년에 윤방훈과 결혼하였으나, 1986년에 이혼하다.

* 1949년 첫시집 『머들령』, 계림사. 첫시집 『머들령』 출간 기념회를 대전시 원동 94 다방 아랑(餓狼)에서 개최하다. 출판 기념회 장소에 대하여, 일부에서는 대전시 중동의 아랑다방으로 기록하고 있지만, 호서민중대학 창립 1주년 기념으로 발행한 『호서학보』 창간호에 보면 원동으로 적시되어 있고, 전화번호 421번까지 나와 있다.

* 1951년 삼남 정병선 출생하다. 삼남 정병선은 정훈 선생의 선대부터 지켜온 한약업인 혜남한약방을 이어받아 2014년 현재까지 운영하다. 장녀 정은숙이 한약사가 되어 한약업의 대를 잇다.

* 1952년 7월 23일에 호적명 정갑수(鄭甲秀)를 정훈(鄭薰)으로 개명(改名)하다.

* 1952년 8월에 『호서문학』 창간을 주도하여 발간하다. 충청지방 최초의 종합문학지 『호서문학』(타블로이드 8면)이 창간되다. 정훈

선생이 대표를 맡고, 송영헌이 주간을 맡다. 창간호에 작품을 발표한 문인들 중에서 그 뒤로도 활발하게 창작활동을 한 사람들은 정훈 한성기 임강빈 강소천 임희재 권선근 등이다. 2호(1954. 2)에는 설창수 최재문(최문휘) 김지향 등이 새로 참여하여 작품을 발표하였고, 3호(1956. 6)에는 청마(유치환) 설창수 김용호 김관식 이재복 김대현 박희선 이교탁 최승범 김명배 안명호 등이 새로 참여하여 작품을 발표하다. 제4호를 1959년에 발간하고, 한국문학가협회 충남지부에서『충남문학』을 발간하면서 폐간되다. 그 후 1972년 8월에『호서시선』을 속간하면서 다시 동인지『호서문학』을 발간한다.

* 1954년 시집『破笛』, 학우사.

* 1954년에 차녀 정효진 출생하다. 1980년에 최병문과 결혼, 1987년에 이혼하다.

* 1955년 첫시조집『碧梧桐』, 학우사.

* 1958년 시집『피맺힌 연륜』, 박영사.

* 1958년에 사남 정병호 출생하다. 1982년에 김숙자와 결혼하다.

* 1960년 시조집『꽃 詩帖』, 민중서관.

* 1966년 시집『散調』, 인간사.

* 1970년에 손자 정현 출생하다. 장남 정병우와 이소란의 자.

* 1973년 시선집『丁薰詩選』발간.

* 1974년에 손자 정인 출생하다. 장남 정병우와 이소란의 자.

* 1978년 차령시조문학회를 창립하고 초대회장을 맡다. 같은 해에 시조 동인지 『車嶺』을 창간하다. 선생이 '창간사'를 쓰고, 시조작품 '서정단시 초' 안에 「初雪」, 「別離」, 「小品」, 「靜寂」, 「秋昏」 등 5편을 수록하다.

* 1979년 시집 『巨木』, 한국문학사.

* 1979년 가람문학회를 창립하고 초대회장을 맡다. 시조 동인지 『가람문학』을 창간하고 작품 「古稀寸感」, 「落葉을 밟으며」 등 2편을 수록하다.

* 1979년 손자 정민 출생하다. 삼남 정병선과 장숙진의 자.

* 1983년 손녀 정은숙 출생하다. 삼남 정병선과 장숙진의 자. 한약사 자격을 취득, 선대의 가업인 한약업을 잇다.

* 1992년 5월 25일 이병임 여사와 결혼 신고를 하다.

* 1992년 8월 2일 17시 30분 대전광역시 중구 대흥동 50-7번지에서 영면하다.

※정훈 선생 서거 後 문단 동향

* 1992년 『충남문학』 23호에 이도현이 「한밭의 거목, 시혼의 반세기」라는 평설을 발표하여 정훈 시인을 추모하다.

* 1992년 『대전문학』 7호에 최문휘는 「고독을 타의로 승화시킨 인간, 고 정훈을 말한다」, 이도현은 「피맺힌 年輪, 詩魂의 半世紀」를 발표하여 고인을 추모하다.

* 1992년 『호서문학』 18호에 채규판이 「유치환 정훈의 무기교의 시학」을 발표하여 고인을 추모하다.

* 1994년 시비(詩碑) 건립 : 대전 중구 하소동 만인산 휴양림 입구에 시비를 건립하다. 작품 『머들령』이 음각되다.

— 새겨진 작품 『머들령』 전문 : 〈요강원을 지나/ 머들령/ 옛날 이 길로 원님이 내리고/ 등짐 장사 쉬어 넘고/ 도적이 목 지키던 곳/ 분홍 두루막에 남빛 돌띠 두르고/ 할아버지와 이 재를 넘었다/ 뻐꾸기 자꾸 울던 날/ 감장 개명화에/ 발이 부르트고/ 파란 갑사 댕기/ 손에 감고 울었더니/ 흘러간 서른 해/ 유월 하늘에 슬픔이 어리다〉

— 건립문 전문 : 素汀 정훈은 1911년 3월 16일 대전직할시 중구 은행동에서 태어나 대전 삼성보통학교와 휘문고보를 졸업하고 일본 메이지대에서 수학하였다. 휘문고보 학창시절부터 시작에 몰입했던 그는 1935년 가톨릭 청년지에 시 유월 하늘을 발표한 이후 머들령 밀고 끌고 등 주옥같은 작품을 발표했으며 시집으로 머들령 파적 피맺힌 연륜 등 다수를 남겼다. 그는 민족의 수난기에 한국 고유의 전통적 정서를 바탕으로 하여 민족혼을 일깨우는 정과 한의 시세계에 삶의 고뇌와 역사의 아픔을 우리 가락에 담아 일생을 고매하고 정아하게 노래하였다. 이 고장의 선구적 시인으로 고고하게 살다가 1992년

8월 2일 82세를 일기로 생을 마치매 충남 금산군 복수면 신대리 신세기공원에 잠들었다. 이제 그의 시혼을 추모하고 문학정신을 후세에 길이 전하고자 문인들의 정성을 모으고 염홍철 대전직할시장과 오응준 대전대학교 총장의 도움으로 머들령의 혼이 서린 여기에 시 한 편을 빗돌에 새겨 세우다.

1994. 10. 9

정훈시비건립추진위원회 위원장 김용재

한국문인협회 대전직할시지회장 박명용

글 : 최송석, 글씨 : 남계 조종국

– 그러나 건립문의 〈1911년 3월 16일 대전직할시 중구 은행동에서 태어나〉 등은 잘못 된 표기임이 밝혀졌다.(연보 서두 참조)

* 1995년 『대전출신 작고문인연구』(한국예총대전지회)에 홍희표 「정훈의 시적 공간」, 신익호의 「정훈론」, 채규판의 「정훈의 '한국적'과 관련한 작품 연구」를 특집으로 발표하여 고인을 추모하다.

* 1999년 12월 문학잡지 『오늘의문학』 겨울호(통권 50호)에 리헌석의 평론 「정훈의 시 '밀고 끌고'의 분석」이 수록되다. 집중조명, 故丁薰 시인 특집으로, 시인의 약력과 대표작 「겨울 산책」 등이 실려 있고, 홍희표의 평론 「정훈의 시적 공간」을 재수록하다.

* 2000년 유고시조집 『밀고 끌고』, 오늘의문학사(겨레시 대표선·

1). 전년도에 계간『오늘의문학』에 정훈 선생 특집을 마련하면서, 시조작품 유고 20편을 찾아내게 되었고, 이 작품과 3시집의 시조작품으로 '유고시조집'을 발간하기로 정훈 선생의 아들 정병선과 합의하여 발간하다. 1부에 수록한 20편은 정훈 선생께서 주관하시던 동인지에 수록된 작품들인데, 새로 지은 작품, 시를 시조로 개작한 작품, 시조를 다듬은 작품 등이다.

* 2001년 12. 한국언어문학회 학술지『한국언어문학』47집에 리헌석의 논문「정훈의 시 '밀고 끌고'의 텍스트 분석」이 재수록되다.

* 2002년 유고시집『회상』, 오늘의문학사(오늘의문학 시인선 100번). 유고시집『회상』은 정훈 선생이 서거 전에 편집을 완료한 시집이다. 선생은 유동삼 시인에게 시집 발간용 원고 교정을 부탁하여 맡겨 놓고, 발간 전에 서거하다. 이후 유동삼 선생이 원고를 찾아내어 당시 대전문인협회 리헌석 회장에게 위탁하여, 대전문인협회 우수작품선집으로 발간하다.

* 2002년『정훈시전집』, 도서출판 동남풍. 김용재 시인의 간행사 '한국문학, 또 하나의 울림'이 실려 있다. 시집『머들령』『파적』『벽오동』『피맺힌 연륜』『꽃시첩』『산조』『거목』등에 수록된 작품이 모두 실려 있다. 시집 제목이나 작품 제목을 한글로 표기하였다. 제8장은 채규판 시인이 쓴 '정훈론'이 수록되어 있고, 마지막에 리헌석

문학평론가가 작성한 '素汀 정훈 선생 연보'가 수록되어 있다.

* 2010년 8월 문학평론가 리헌석이 선생의 '호적등본' '평론' '논문' '서적'을 참고하고, 삼남 정병선의 진술과 자료 제공을 토대로 작성하다.

정훈문학상 제정 시상

* 2002년 정훈문학상을 제정하여 시행하다.

* 대전매일신문사에서 정훈 선생 서거 10주년을 맞아 정훈문학상을 제정, 시행하기로 하고 운영위원회를 구성하다. 운영위원은 유동삼(시조), 이용호(시조), 리헌석(평론), 김재수(시조), 이규식(평론), 정훈선생의 차남 정병선, 대전매일신문 사업본부장 김현자, 대전매일 실무자 등으로 구성하다.

* 삼남 정병선과 리헌석(문학사랑)이 행사비를 매년 협찬하기로 약정하고 실행하다.

* 2002년 제1회부터 대전문인협회 연말 행사와 공동으로 시상하고, 문학전문지 [문학사랑]에 특집으로 수록하다.

* 1회~2회는 등단 20년 이상의 문인 중에서 대상을 선정하여 상패와 상금 300만원을 시상하다.

2002(1회) 대상 임강빈 시인

2003(2회) 대상 유동삼 시조시인

* 3회~6회는 대상 300만원, 등단 20년 미만인 시인 중에서 우수한 작품을 창작하는 신인을 선정한 작품상에는 상패와 상금 50만원을 시상하다.

2004(3회) 대상 조남익 시인, 작품상 김진성 시인

2005(4회) 대상 이용호 시조시인, 작품상 옥빈 시인

2006(5회) 대상 최원규 시인, 작품상 정태준 시인

2007(6회) 대상 김명배 시인, 작품상 육종관 시인

* 2008년 제7회부터는 [문학사랑] 연말 축제에서 공동으로 시상하다. 대상 300만원은 동일하고, 작품상 상금을 100만원으로 올려 시상하다.

2008(7회) 대상 전태익 시조시인, 작품상 정대중 시인

2009(8회) 대상 김정수 시인, 작품상 상동규 시조시인

* 2010년 리헌석의 서지적 연구서 『정훈 시 읽기』 발간. 선생의 탄신 100세를 맞아 정훈 선생의 연보 자료를 재정리하다.

2010(9회) 대상 리헌석 문학평론가, 작품상 김태완 시인

2011(10회) 대상 구재기 시인, 작품상 김상우 시인

2012(11회) 대상 조근호 시조시인, 작품상 이병석 시인

2013(12회) 곽우희 시인, 홍윤표 시인

* 2014년 제13회부터는 [금강일보]와 [문학사랑협의회]가 협약을 체결하여 시상하다.

* 운영위원장은 유동삼(1대),이용호(2대), 김재수(3대), 리헌석(4대) 등으로 잇다.

* 전태익 시조시인(충북) 한성우 문학평론가(충남) 엄기창 시인(대전) 세 분을 운영위원으로 추가 위촉하다.

2014(13회) 김영수 시조시인, 장덕천 시인(2014. 12. 10. 시상)

정훈문학상 수상작품집
2014 · 제13회

발행일 / 2014년 12월 15일
저 자 / 김영수, 장덕천 외
편 집 / 금강일보 · 정훈문학상운영위원회

펴낸곳 / 오늘의문학사
발행인 / 리헌석
대전광역시 동구 대전로 867번길 52 한밭오피스텔 401호
Tel(042)624-2980 Fax(042)628-2983
E-mail : hs2980@hanmail.net
등록 / 제55호(1993년 6월 23일)

값 15,000원

* 2014년도 대전광역시 '사회단체 보조금'으로 제작되었습니다.

* 본문에 사용한 종이는 친환경 재생지 '그린라이트' 80g/㎡을 사용하였습니다.

* 이 책은 ㈜교보문고에서 E-Book(전자책)으로 제작 · 판매합니다.

* 잘못된 책은 바꾸어 드립니다.